Martirologio di Terra Santa

Martirologio di Terra Santa

A cura di Fr. Cristoforo Alvi ofm
frate minore della Custodia di Terra Santa

Per ordine del R.mo P. Custode
Pierbattista Pizzaballa ofm

Custodia di Terra Santa
Gerusalemme

I ristampa, gennaio 2015

Progetto grafico: Elisabetta Ostini

*Per informazioni sulle opere pubblicate
e in programma rivolgersi a:*

Edizioni Terra Santa
Via G. Gherardini 5 - 20145 Milano (Italy)
tel.: +39 02 34592679 fax: +39 02 31801980
http://www.edizioniterrasanta.it
e-mail: editrice@edizioniterrasanta.it

Finito di stampare nel gennaio 2015
da GESP s.r.l. - Città di Castello (Pg)
per conto di Fondazione Terra Santa

ISBN 978-88-6240-208-8

Introduzione

In ossequio al legittimo desiderio del S. Padre Papa Giovanni Paolo II di voler ricordare solennemente per il Giubileo dell'anno 2000 i Martiri della Chiesa di questo secondo millennio e nel ricorrente ottavo centenario della fondazione dell'Ordine dei Frati Minori, mi è sembrato utile preparare questo piccolo lavoro che ricorda i Francescani che in un modo o nell'altro realizzarono la loro vocazione minoritica a servizio dei Luoghi Santi della nostra Redenzione e ci hanno lasciato esempi di fede, carità, eroismo e perseveranza che ancora oggi ci aiutano a continuare il servizio alla Chiesa universale e all'Ordine Serafico nella Terra scelta da Dio per farsi Uomo e realizzare così la nostra salvezza. I personaggi qui ricordati appartengono tutti alla grande Famiglia Francescana anche se in differenti situazioni esistenziali; li unisce però l'amore alla perla delle missioni e al messaggio evangelico che da essa promana e si attualizza nonostante il passare dei tempi perché il Cristo che qui è morto e risorto per noi vive in eterno e ha reso immortale anche la Sua Buona Novella.

Bibliografia

Augustin Arce, “Los Franciscanos y la peste”, in *Miscellanea Franciscana*, Gerusalemme 1950.
Frati minori santi e beati, a cura di S. Bracci e A. Pozzebon, Roma 2009.
Il Libro d’Oro dei Francescani di Terra Santa, a cura di Gian Crisostomo Guzzo, Venezia 1939.
Martirologio Romano-Serafico, Roma 1946.
Martyrologium Terrae Sanctae, in: *Diarium Terrae Sanctae*, I (1908) pp. 79-86, 143-150, 225-229; II (1909) pp. 16-26; 85-96.
Necrologium Terrre Sanctae, a cura di P. Eutimio Castellani, Gerusalemme 1926.
Necrologi di Province particolari.

Abbreviazioni

a. inc. = anno incerto
Alcant. = Alcantarina o Scalza
b. = beato / beata (dell’Ordine)
B. = Beato / Beata (della Chiesa)
B.B. = Beati / Beate
B.M.V. = Beata Maria Vergine
c. = circa
Card. = Cardinale
Condutt. = Conduttore di elemosine in T.S.
Comm. = Commissario di T.S.
C.T.S. = Custodia di Terra Santa
Cust. = Custode
Dott. = Dottore
Fond. = Fondatore
g. inc. = giorno incerto
II Ord. = Second’Ordine o Ordine di S. Chiara
III Ord. = Terz’Ordine o Ordine Francescano Secolare
III Ord. Reg. = Terz’Ordine Regolare
M. = Martire
M.M. = Martiri
MdC = Martire della Carità
Min. Gen. = Ministro Generale
N.S. = Nostro Signore / Nostra Signora
N.S.P. = Nostro Serafico Padre
O.F.M. = Ordine dei Frati Minori
Oss. = Osservante
p. = pagina
pp. = pagine
Patr. = Patrono
Pellegr. = Pellegrino in T.S.
Pres. Cust. = Presidente Custodiale
Proc. = Procuratore / Economo Custodiale
Prov. = Provincia
Rec. = Recolletta
Rif. = Riformata
S. = Santo / Santa
SS.ma = Santissima
SS.mo = Santissimo
S.S. = Santi / Sante (Sacri / Sacre)
SdD = Servo / Serva di Dio (della Chiesa)
T.S. = Terra Santa
V. = Vergine
V.V. = Vergini
Ven. = Venerabile
Vesc. = Vescovo

In Damiata, Egitto, passione del **Beato Francesco da Spoleto**, Sacerdote e Martire. Avendo intrepidamente difeso la fede cattolica, fu preso dai Saraceni e chiuso in carcere. Infine, tagliato in due pezzi a colpi di spada, conseguì la palma del Martirio. † 1288

In Gerusalemme, il servo di Dio **Giuseppe Lamego**, Laico e Missionario, Prov. di Portogallo, per quarant'anni diligentissimo sacrestano nei Santuari. Insigne per obbedienza e umiltà. † 1846

Due Gennaio

In Assisi, Umbria, la beata **Ortolana**, vedova e monaca del Secondo Ordine, madre delle S.S. Vergini Chiara, Agnese e Beatrice, illustre per nascita, fede, devozione e religione, già pellegrina in Terra Santa, in vita e dopo morte risplendette per miracoli. † 1253

In Armalek, presso i Tartari, passione del **Beato Giacomo Ciuffagni da Firenze**, Vescovo di Zaitun (Armenia), Martire, il quale confessando la fede cattolica meritò la palma del Martirio. † 1362

In Gerusalemme, il servo di Dio **Giovanni Battista D'Amanti**, Laico e Missionario, Prov. di Sicilia, religioso esemplare per la vita, veglie, preghiera, laboriosità, umiltà, pazienza e penitenza. † 1999

Tre Gennaio

A Malta, il servo di Dio **Salvatore Antonio Vassallo da Malta**, Sacerdote, già Missionario e Custode di Terra Santa, religioso virtuoso e celebre per la sua grandissima prudenza. † 1859

In Gerusalemme, il servo di Dio **Filippo Fuentes**, Sacerdote e Missionario, Prov. S. Giacomo di Compostella (Spagna). Religioso amante della povertà, silenzio e lavoro, servì i Luoghi Santi per cinquantacinque anni. † 1946

Quattro Gennaio

Nel Cairo, Egitto, il **Servo di Dio Giovanni Zuase da Medina del Campo**, Sacerdote e Martire, dei Minori Cappuccini (già Alcantarino o Scalzo). Dopo avere sofferto ludibri, percosse e tormenti d'ogni genere per amore di Gesù Cristo, per i maltrattamenti della carcerazione si riposò in Dio. † 1551

In Trois Rivières, Canada, il servo di Dio **Agostino Bouynot**, Sacerdote, Prov. di S. Pietro in Francia, già compagno e confessore del Beato Federico Jansoone nel Commissariato di Terra Santa, e corestauratore dell'Ordine Serafico in Canada. Religioso di insigni virtù. † 1917

Sei Gennaio

In Roma, un piissimo **religioso di San Francesco d'Assisi**, già Missionario in Terra Santa. Per molti anni di famiglia in Betlemme, infervorato dall'amore verso il Bambino Gesù, dovendo rimpatriare, pensò di scolpirne una statua utilizzando un bel tronco di olivo dal giardino del Getsemani e nel corso di una esperienza estatica la ritrovò mirabilmente dipinta. Mentre ritornava, recuperò miracolosamente da un naufragio la cassa contenente il Santo Bambino che portò poi con sé a Roma deponendolo nella Chiesa dell'Ara-Coeli. Il Generale dei Frati Minori, la sera della festa dell'Epifania, benedice con questa statua, dalla porta della basilica, la città e i devoti prostrati sulla scalinata. † c. 1500 (giorno incerto)

Sette Gennaio

In Gerusalemme, il servo di Dio **Rainoldo Palmer**, Laico e Missionario, Prov. di S. Antonio in Baviera (Germania), religioso esemplare e rinomato per la grande semplicità. Servì i Luoghi Santi per trentacinque anni. † 1966

Otto Gennaio

In Acri, il **Servo di Dio Melchiade Filippi da Borgiallo** (Aosta), Sacerdote, Missionario Apostolico, Presidente e Parroco, della Prov. Oss. di S. Tommaso in Piemonte, morto amministrando i Sacramenti ai Parrocchiani appestati, Martire di Carità. Trentun anni d'età e tre di servizio. † 1799

In Gerusalemme, il **Servo di Dio Isidoro da Oggiono**, Sacerdote e Missionario, Prov. Rif. di Milano, già Presidente Custodiale, religioso di insigni virtù, servì i Luoghi Santi per quarant'anni. † 1677

NOVE GENNAIO

IN S. MARIA DEGLI ANGELI, Assisi, il servo di Dio **Bernardino Trionfetti da Montefranco**, già Missionario, Custode di T.S., Ministro Generale O.F.M., Vescovo delle Diocesi di Terracina, Sezze e Priverno, titolare di Cafarnao, religioso di grande fama e meriti per la Custodia di T.S. e per la restaurazione dell'Ordine in Francia dopo la Rivoluzione Francese, avendovi inviato dalla Palestina il P. Giuseppe Areso come Commissario di Terra Santa con la facoltà di ricevere novizi. † 1884

DIECI GENNAIO

IN GERUSALEMME, il **Servo di Dio Raffaele Ventayol**, Sacerdote e Missionario Apostolico, Prov. di Mallorca (Spagna), Procuratore di Terra Santa, famoso per dottrina, pietà, costanza nelle avversità e chiaro per ogni virtù. Riuscì a ripristinare la devota Processione del Venerdì Santo nella Basilica del SS.mo Sepolcro. Negli ultimi anni, completamente cieco, occupava ogni giorno lunghe ore nel confessionale. † 1726

LA CONCEPCIÓN, Argentina, il **Servo di Dio Mamerto Esquiú**, vescovo di Córdoba, già Missionario in Terra Santa, Sacerdote di grandissime virtù. Desideroso di rimanere per sempre a servizio dei Luoghi Santi fu invece rimandato nella sua Provincia di Argentina e dopo poco tempo nominato vescovo di Córdoba. Morì in un villaggio sperduto della sua diocesi, in una casa di contadini, nel compimento del suo servizio pastorale. † 1883

Dodici Gennaio

In Gerusalemme, il servo di Dio **Giacomo Radó**, Sacerdote e Missionario, della Prov. Oss. di Catalogna in Spagna. Organista, religioso esemplare, dotto, amantissimo della regolare disciplina e scrittore di ascetica. Penitenziere, per tre volte predicò gli Esercizi Spirituali a tutti i Religiosi della Custodia, fu confessore della B. Caterina Troiani e della Serva di Dio Paolina De Nicolay. Dopo una lunga e penosa malattia, sopportata con ammirabile pazienza, si addormentò nel Signore con grande edificazione dei confratelli. † 1873

Tredici Gennaio

Presso Gerusalemme, il **Beato Giovanni dalla Calabria**, Sacerdote e Martire, il quale, dopo aver egregiamente esercitato l'incarico di Legato Apostolico nell'Etiopia, di ritorno a Gerusalemme fu dai Saraceni ucciso per la fede di nostro Signore Gesù Cristo. † c. 1482 (giorno incerto)

Quattordici Gennaio

In Udine, il **Beato Odorico Mattiussi da Pordenone**, Sacerdote e Confessore, insigne Missionario in Oriente e Terra Santa, scrittore di una Descrizione dei Luoghi Santi, zelante della salute delle anime e vero francescano per le sue virtù. † 1331

Presso l'isola di Cipro, il **Servo di Dio Benedetto da Bassano Veneto**, Sacerdote e Martire. Dopo esser stato Prefetto della Missione in Damasco, in Alessandria e in Aleppo, fu nominato Commissario di tutta la Terra Santa. Catturato però dai pirati e venduto come schiavo, logorato da ogni genere di travagli e patimenti, per la fede incontrò la morte nella prigionia. † 1640

Quindici Gennaio

In Sidone, Libano, il servo di Dio **Horberto Krilsrahs**, Sacerdote e Missionario, Prov. di Colonia in Germania, predicatore. Religioso di santità non comune e di eroiche virtù, specialmente silenzio, obbedienza, continua orazione ed inalterabile pazienza nelle crudeli infermità che ebbe a soffrire. È attestato che nelle sue confessioni non c'era materia che richiedesse l'assoluzione. † 1670

In Peschiera, S. Maria del Frassino, il servo di Dio **Isidoro Bellomi da Castelcerino**, Sacerdote e Confessore, già Missionario in Terra Santa, religioso amantissimo della solitudine e della preghiera. † 1918

Diciassette Gennaio

In Gerusalemme, il **Servo di Dio Giovanni Romero**, Laico e Missionario, Prov. Betica in Spagna, per ventiquattro anni esatto sacrestano della basilica della Risurrezione di N.S. Gesù Cristo. Adorno delle virtù di pietà, pazienza, obbedienza, e spirito di sacrificio. Fu tenuto in venerazione anche dagli Ortodossi, Greci e Armeni. † 1722

In Olite, Spagna, il servo di Dio **Stefano Bassart**, Sacerdote, Prov. di Castiglia in Spagna, religioso buono, zelante e santo, per ventun anni già Missionario e Penitenziere Apostolico in Terra Santa. † 1894

In Gerusalemme, il servo di Dio **Mariano Gàspari da Roverè di Velo**, Laico, Prov. Veneta di S. Francesco. Religioso di specchiate virtù, si distinse per silenzio, orazione, umiltà, mansuetudine ed inalterabile pace interiore. Fu Missionario in Terra Santa per venticinque anni. † 1895

DICIOTTO GENNAIO

IN GERUSALEMME, il **Servo di Dio Diego di S. Giorgio**, Laico e Missionario, Prov. di Calabria. Religioso esemplare, servì i Luoghi Santi per ventitre anni. † 1696

IN GERUSALEMME, il servo di Dio **Giuseppe Bueno**, Laico e Missionario, Prov. di Castiglia. Religioso esemplare, lasciò questa vita dopo aver dato i più edificanti esempi di umiltà, obbedienza e altre virtù religiose nei trentasette anni passati in servizio della Santa Custodia. † 1834

IN ALESSANDRIA D'EGITTO, il servo di Dio **Rosario da Granmichele**, Laico e Missionario, Prov. di Val di Noto in Sicilia. Religioso esemplare nell'obbedienza, laboriosità e virtù religiose. † 1892

DICIANNOVE GENNAIO

IN GERUSALEMME, il servo di Dio **Pietro Antonio Grassi da Cantù**, Sacerdote e Missionario, Prov. di Milano, religioso esemplare e degno Custode di Terra Santa. † 1685

IN ME'ADI, Cairo, il servo di Dio **Giacinto Maria Faccio**, Sacerdote e Missionario, Prov. Veneta, religioso esemplare, già Custode di Terra Santa e missionario per cinquantadue anni. † 2003

VENTI GENNAIO

IN DAMASCO, in Siria, passione del **Servo di Dio Giovanni da Damasco**, Terziario e Martire, che per la fede di Gesù Cristo fu dai Saraceni martirizzato. † 1347 (giorno incerto)

In Gerusalemme, il servo di Dio **Domenico Antonini**, Sacerdote e Missionario, Prov. Veneta di S. Antonio, religioso esemplare, per molti anni venerato Maestro dei Novizi della Santa Custodia. † 1967

Ventuno Gennaio

In Cupramontana, Marche, il servo di Dio **Aquilino da Stàffolo**, Sacerdote, Prov. di S. Pacifico nelle Marche. Fu Missionario in Terra Santa e si mostrò sempre vero modello di Religioso Francescano con la esatta osservanza della S. Regola e della Professione Evangelica fino alla morte. † 1890

Ventidue Gennaio

In Gerusalemme, il servo di Dio **Silvestro Saller**, Sacerdote, Prov. del Sacro Cuore (Stati Uniti d'America). Religioso esemplare, affabile, umile e di chiara scienza. † 1975

Ventitre Gennaio

In Jenige-Kalè, Armenia Minore, il **Servo di Dio Alberto Amarisse da Cave** (Roma), Sacerdote e Martire, che in odio della fede cattolica fu dai Turchi bruciato vivo nella chiesa con i suoi fedeli Cristiani quivi rifugiati. † 1920

In Don-Kalè, Armenia Minore, il **Servo di Dio Stefano Jalincatian da Maraasc** (Armenia), Sacerdote e Martire, che in odio della fede cattolica fu dai Turchi lapidato sulla via verso Maraasc mentre cercava di portare in salvo gli orfani e i suoi parrocchiani Armeni che furono poi crudelmente uccisi. † 1920

In Mugiuk-Deresì, Armenia Minore, i **Servi di Dio Francesco Di Vittorio da Rutigliano** (Bari), Sacerdote e Martire, **Salvatore Sabatini da Pizzoli** (Abruzzo) e **Alfredo Dollentz da Magy** (Ungheria), Laici e Martiri, i quali, dai Turchi insidiosamente catturati con gli orfani Armeni della Missione e barbaramente uccisi, riportarono il trionfo di un glorioso Martirio per Gesù Cristo "Buon Pastore". † 1920

In Gerusalemme, il servo di Dio **Giovanni da Force**, Laico e Missionario, Prov. Romana di S. Michele Arcangelo, religioso esemplarissimo per semplicità, pazienza e carità, servì i Luoghi Santi per trentadue anni. † 1875

Ventiquattro Gennaio

In Gerusalemme, il servo di Dio **Nazzareno Jacopozzi**, Sacerdote e Missionario, Prov. Toscana, già Custode di T.S. e per sessantotto anni missionario della medesima, religioso dotto, pio e di rare virtù. † 1973

Ventisei Gennaio

A Hong-Kong, il **Beato Gabriele Allegra**, Sacerdote e Confessore, Prov. di Sicilia, studioso instancabile e religioso di straordinarie virtù, professore allo Studio Biblico della Flagellazione e Predicatore di ritiri ed Esercizi spirituali ai Frati della Custodia. Fondò lo Studio Biblico Francescano di Pechino (poi trasferito a Hong Kong). Curò la traduzione della Bibbia in lingua cinese e fu soprannominato "il San Gerolamo d'Oriente". † 1976

Ventisette Gennaio

In Brescia, **Santa Angela Merici**, Vergine del Terz'ordine, istitutrice delle Vergini di S. Orsola, dette Orsoline. Pellegrina verso i Luoghi Santi rimase cieca in Cipro, continuò il pellegrinaggio visitando i Santuari senza vederli e, nel viaggio di ritorno, nella stessa Cipro riebbe miracolosamente la vista. Insigne per virtù e miracoli fu canonizzata da Papa Pio VII. † 1540

Ventotto Gennaio

In Gerusalemme, il servo di Dio **Pasquale Visciarelli da Filetto**, Laico e Missionario, Prov. di Abruzzo, religioso edificante, di grande semplicità, servì in Custodia per trentanove anni. † 1908

Trenta Gennaio

In Gerusalemme, il servo di Dio **Fulgenzio Minotte**, Laico e Missionario, Prov. di S. Pietro in Francia, religioso paziente ed esemplare, visse e servì nel SS.mo Sepolcro per trentatre anni. † 1945

Trentuno Gennaio

In Padova, il **Beato Fidenzio da Padova**, Confessore, celebre per la povertà e la gloria dei miracoli. Lavorò molto per convertire gli eretici e gli infedeli e per liberare dal giogo dei Saraceni i Luoghi di Terra Santa. Il suo corpo è religiosamente sepolto e venerato nella Basilica di S. Antonio di Padova accanto a quello di S. Antonio e del Beato Luca Belludi. † c. 1295 (giorno incerto)

In Ramleh, il servo di Dio **Francesco Begges**, della Prov. di Boemia, religioso dotato di grande virtù. †1668

In Gerusalemme, il servo di Dio **Giuseppe Weiher**, Sacerdote e Missionario, della Custodia di T.S. Religioso di grande pietà, per venti anni fu sempre di famiglia nel SS.mo Sepolcro. †1905

Primo Febbraio

In S. Giovanni d'Ain-Karem, il servo di Dio **Giovanni Battista Vañó**, Sacerdote e Missionario, Prov. di S. Giuseppe di Valencia (Spagna). Religioso pio ed esemplare, morì nel coro iniziando Vespro. Già Maestro dei Novizi, Discreto di Terra Santa e Definitore Generale O.F.M. nominato da S. Pio X. † 1921

In Gerusalemme, il servo di Dio **Prospero Maria Viaud**, Sacerdote e Missionario, Prov. di S. Ludovico in Francia. Religioso di esimie virtù, dotto, laborioso, paziente, vero francescano povero e penitente. † 1932

Due Febbraio

In Roma, Ara-Coeli, il **Beato Sabbatino da Assisi**, Confessore, Compagno del N.S.P. Francesco, chiaro per la santità della vita, pellegrinò in Oriente e in Terra Santa nel 1219 con S. Francesco e Compagni. † 1251

In Milano, il **Beato Andrea Carlo Ferrari**, Cardinale di Santa Romana Chiesa, Terziario francescano, Arcivescovo di Milano, devoto pellegrino in Terra Santa ove consacrò la Basilica di Emmaus e l'altare del santuario di Cana di Galilea. Modello di virtù, in particolare di umiltà e pazienza nelle persecuzioni. Fu zelantissimo pastore fin sul letto di morte. Beatificato in Roma il 10 maggio 1987 da Giovanni Paolo II. † 1921

Tre Febbraio

In Gerusalemme, il servo di Dio **Giuseppe di S. Giovanni**, Laico e Missionario, Prov. Toscana, religioso virtuoso, di buon esempio e illibati costumi, servì la Custodia per ventiquattro anni. † 1727

In Gerusalemme, il servo di Dio **Tommaso D'Ascani**, Laico, figlio della S. Custodia. Per quarant'anni vigilantissimo sacrestano nel S. Presepio di N. S. Gesù Cristo, e più volte ferito per difendere i diritti della Chiesa Cattolica. Religioso di rare virtù. † 1820

Quattro Febbraio

In Gerusalemme, il servo di Dio **Felice Scediàn da Mardìn**, Laico, figlio della S. Custodia, religioso esemplare, pio ed umile. Perseguitato dai Turchi durante il genocidio Armeno (1915) fece voto di farsi Francescano. Giunto a Gerusalemme incolume, fu accettato nell'Ordine e compì il suo voto servendo la S. Custodia come religioso esemplare, pio ed umile. † 1971

Cinque Febbraio

In Damasco (Siria), il **Servo di Dio Tommaso da Calangianus**, Sacerdote e Martire dei Minori Cappuccini, il quale, preso da Ebrei, dopo vari tormenti fu trucidato soffrendo la passione per Gesù Cristo. † 1840

In Napoli, S. Chiara, il servo di Dio **Placido Pardini da Roma**, Sacerdote e Missionario, della Prov. Romana. Benemerito della Custodia di T.S., per molti anni Guardiano e ricercato Confessore delle Monache Clarisse dell'attiguo Monastero. † 1831

Nove Febbraio

In Varallo Sesia (Piemonte), il **beato Bernardino Caìmi da Milano**, Sacerdote e Confessore, Prov. Oss. di Milano, insigne per dottrina, eloquenza, prudenza, pietà e virtù. Missionario in Terra Santa e Commissario Apostolico e Nunzio Apostolico in Spagna, tornato in Italia ideò il Sacro Monte di Varallo. † 1500

Dieci Febbraio

In Gerusalemme, il servo di Dio **Giulio Valorai**, Laico e Missionario, della Prov. di S. Bonaventura in Toscana, religioso ilare e fedele che per trentacinque anni fu custode dell'Orto del Getsemani. † 1933

Undici Febbraio

A Maraasc, in Armenia Minore, il **Servo di Dio Vittore Urrutía**, Laico e Martire, il quale, avvertito nel sonno del pericolo da S. Antonio di Padova, nel tentativo di salvare gli orfani e i fedeli Armeni perseguitati dai Turchi, soffrì tanti e così crudeli tormenti che per i patimenti finì la vita. † 1896

In Gerusalemme, il **Servo di Dio Pellegrino da Massa** (Lucca), Prov. Rif. Toscana, Laico. Servendo i Confratelli malati di peste ne contrasse il male e, in questo modo, morì Martire di carità. Due anni di servizio. † 1787

In Gerusalemme, il servo di Dio **Giuseppe Carlotti da Calvi** (Corsica), Sacerdote e Missionario, Prov. Romana, Missionario Apostolico e per molti anni Vicario Custodiale. Religioso di antiche virtù, esimio direttore spirituale, distintosi per l'amore verso i Luoghi Santi e i confratelli. † 1884

Dodici Febbraio

In Mantova, il servo di Dio **Anselmo da Mantova**, Sacerdote e Confessore, già Missionario Apostolico in Terra Santa, Cappellano del Console di Venezia al Cairo, illustre per dottrina e fama di santità. † 1524

In Betlemme, il servo di Dio **Raffaele Mosca da Castel d'Emilio**, Sacerdote e Missionario, Prov. delle Marche, religioso di colombina semplicità ed infiammato di grande amore verso Gesù Bambino. Ferito a morte nel S. Presepio da un russo scismatico, miracolosamente fu guarito dal Bambino Gesù. Continuò il suo servizio nel santuario della Natività e pieno di giorni e virtù lasciò questa vita dopo cinquantatre anni di apostolato in Terra Santa. † 1898

Quattordici Febbraio

In Egitto, il servo di Dio **Cristoforo Maritati da Treviglio**, Sacerdote e Confessore, della Provincia Lombarda, che per alquanti anni nelle missioni d'Egitto lavorò molto per la salute delle anime. † 1789

Quindici Febbraio

In Siena, Toscana, il **Beato Giovanni Ristori**, Sacerdote e Confessore, chiarissimo per istruzione, fede e pietà. Lavorò strenuamente durante molti anni per la conversione degli eretici. Pellegrinò in Terra Santa proveniente dalla Bosnia e poi fece ritorno a Siena, sua città natale, per morirvi. † c. 1402

In Adana, Cilicia, il **Servo di Dio Giuseppe Akilliàn**, Laico Terziario Oblato e Martire, il quale, mentre con gli altri cristiani Armeni cercava di fuggire dalla persecuzione dei Turchi, per i rigori del freddo invernale, per la stanchezza del viaggio, per i travagli della fuga, per gli stenti e la fame, con dolorosa e repentina morte lasciò questa vita. † 1921

Sedici Febbraio

In Damasco, Siria, passione dei **Sedici Servi di Dio Frati Minori del S. Monte Sion e Betlemme, anonimi e Martiri**, i quali all'inizio furono incarcerati per la fede nel Castello dei Pisani in Gerusalemme, poi dai Saraceni furono deportati a Damasco. Qui, restando fermi nella confessione della fede, dopo esser stati battuti con le verghe, estenuati dalla fame e dai rigori del carcere, dopo cinque anni di sofferenze e tormenti, uno dopo l'altro morirono a motivo della loro costanza nella fede in Gesù Cristo. † 1365-1370 (giorno incerto)

Diciassette Febbraio

In Saint- Palais, Francia, il servo di Dio **Giuseppe Areso**, Sacerdote, del Collegio Apostolico di Olite, Spagna, Missionario Apostolico in Terra Santa, restauratore del Commissariato Generale di Terra Santa in Francia e restauratore dell'Ordine Francescano dopo la Rivoluzione Francese. Religioso di insigni virtù, fu predicatore itinerante instancabile, scrittore di ascetica, Commissario Generale di Terra Santa, primo Provinciale della Provincia di S. Ludovico e zelante fondatore di vari conventi nella medesima. † 1878

Diciotto Febbraio

In Ramleh, il **Servo di Dio Antonio Boadó**, Prov. Oss. di S. Giacomo di Compostella (Spagna), Sacerdote, Missionario Apostolico e Parroco. Amministrando i Sacramenti ai fedeli colpiti dalla peste cadde vittima di questo ministero, Martire di Carità. Due anni di servizio. † 1792

In Alessandria d'Egitto, il beato **Giacomo Magnavacca** da Alessandria (Piemonte), Sacerdote e Confessore, Missionario in Terra Santa e Guardiano del Monte Sion, illustrissimo per scienza e santità di vita. † 1478

Diciannove Febbraio

Nel Cairo, Egitto, il **Servo di Dio Innocenzo Bizzarri da Roma**, Sacerdote e Martire, il quale per leggerezza d'animo apostatò dalla fede, ma pochi giorni dopo, pentitosi dell'errore commesso, sfidò coraggiosamente l'ira dei maomettani e per la fede in Cristo presentò volontariamente il collo alla spada. † 1662

A MANILA, Filippine, passione del **Servo di Dio Giulio Martín García**, Sacerdote e Martire. Apparteneva alla Provincia di S. Gregorio in Spagna, fu per quattro anni Commissario di Terra Santa nelle Isole Filippine e fu crudelmente ucciso da soldati Giapponesi all'età di 48 anni. † 1945

VENTI FEBBRAIO

IN OSIMO, Marche, il **Servo di Dio Diego Stoppolini da Mombaroccio**, Laico e Confessore, il quale nei suoi tre anni come Missionario in Terra Santa fu molto perseguitato e tormentato dai Turchi, sicché dovette tornare in patria dove, noto per la sua carità verso gli infermi e per i miracoli, lasciò questa vita. † 1753

IN NAZARET, il servo di Dio **Bernardo da Cappadocia** (L'Aquila), Laico e Missionario, Prov. Romana di Ara-Coeli. Fu religioso esemplare e per quarantasei anni lavorò instancabilmente nei Luoghi Santi. † 1889

IN GERUSALEMME, il servo di Dio **Sante da Partènico**, Laico e Missionario, Prov. di Val di Noto, Sicilia. Religioso di rare virtù e di ottime qualità, servì fedelmente i Luoghi Santi per quarantun anni. † 1892

VENTUNO FEBBRAIO

IN GERUSALEMME, nelle segrete del Castello dei Pisani (Cittadella), passione di **molti francescani anonimi e Martiri** dei conventi del S. Sepolcro e del S. Monte Sion, incarcerati dal tirannico Solimano e morti di stenti durante ventisette mesi di prigionia. † c. 1520 (giorno incerto)

Ventitre Febbraio

In Roma, Ara-Coeli, il **Beato Nicolò de Romanis da Osimo**, Sacerdote e Confessore. Venne in Terra Santa con l'autorità di Martino V come Visitatore e Riformatore dei Missionari. Fu famosissimo per scienza, orazione, umiltà, astinenza, digiuno, povertà e zelo per le anime. † 1453

In Gerusalemme, il **Servo di Dio Ginepro dalla Sicilia**, Laico e Martire, che per la fede in Cristo fu dai Turchi decapitato e il suo corpo bruciato nella piazza del S. Sepolcro. † 1557

In Gerusalemme, il servo di Dio **Diego da Roma**, Laico e Missionario, Prov. Romana. Religioso esemplare, esercitò per ventisei anni con somma carità l'ufficio d'infermiere, passando dalla cappella dell'infermeria alla vita eterna mentre preparava l'altare per la S. Messa. † 1736

Ventiquattro Febbraio

In Gaza, il **Beato Antonio da Rosate Milanese**, Sacerdote e Martire il quale, dai Saraceni segato verticalmente, chiuso tra due assi, con una gloriosa passione consumò il suo Martirio. † 1369

Ventisei Febbraio

In Gerusalemme, il servo di Dio **Angelo Fanti da Monzuno**, Laico e Missionario, Prov. del SS.mo Redentore, Bologna. Religioso di carattere affabile ed ameno, pieno di carità verso tutti e di somma religiosità, lavorò fedelmente per trentasei anni nei Luoghi Santi. † 1892

In Gerusalemme, il servo di Dio **Mariano Redavid**, Laico e Missionario, della Custodia di T.S., religioso devoto, penitente e laborioso. Fino alla vigilia della morte servì come sacrestano nella basilica del SS.mo Sepolcro. Era tenuto in venerazione anche dai monaci Greci Ortodossi. † 1985

Ventisette Febbraio

In Ramleh il **Servo di Dio Francesco da Gioiosa** (Messina), Prov. Oss. di Sicilia, Laico, il quale aiutando il Parroco durante l'epidemia morì colpito dalla peste, Martire di Carità. Due anni di servizio. † 1732

Ventotto Febbraio

In Gerusalemme, il beato **Guglielmo Cordelle**, Sacerdote, Missionario, Penitenziere e Legato Pontificio, famoso per lo zelo nella salvezza delle anime, per la predicazione e per la gloria dei miracoli. † c. 1244 (giorno incerto)

In Emmaus, il servo di Dio **Ludovico Nardolillo**, Sacerdote, Missionario della Custodia di T.S., annegato mentre cercava di salvare due Postulanti caduti nelle acque del vascone, vittima di carità, alla giovane età di trentun anni. † 1946

Quattro Marzo

In Ramleh, il **Servo di Dio Michelangelo da Villafalletto** (Cuneo), Prov. Oss. Serafica, Sacerdote, Missionario Apostolico e Parroco. Colpito dalla peste mentre, "esposto" al contagio, serviva i suoi fedeli infermi, Martire di Carità. Tre anni di servizio. † 1732

Cinque Marzo

In Oriente, il **Beato Ugo da Prato** detto **Panciera** (Toscana), Laico e Confessore, celebre per semplicità, umiltà ed austerità di vita, per scienza infusa ed altissima contemplazione. † 1312

In Nazaret, il servo di Dio **Davide Novaretto da Vigone**, Sacerdote e Missionario, Prov. Piemontese, già Maestro dei Novizi della Custodia per diciotto anni. Religioso chiaro per dottrina, prudenza e santità di vita. Esperto maestro di vita spirituale ed ascetica. † 1894

Sei Marzo

In Gerusalemme, il servo di Dio **Pasquale de Murtas**, Laico e Missionario, Prov. di S. Saturnino, Sardegna. Religioso buono ed esemplare. † 1798

Sette Marzo

In Ashdod, il **Beato Filippo da Le Puy en Valay** (Francia), Martire, il quale dopo aver confermato nella fede e animato al Martirio una moltitudine di Cristiani, fu dai Saraceni sottoposto a crudelissimi tormenti: prima gli furono tagliate a pezzi le mani e fu scorticato fino all'ombelico; indi gli tagliarono la lingua, ma persistendo con gesti a predicare la fede, gli fu infine troncato il capo e così consumò con ammirabile costanza il suo glorioso Martirio già predetto ai suoi genitori da S. Antonio di Padova, che lo conobbe e benedisse da bambino. † 1265

A Giaffa, nel Convento di S. Pietro, il **Servo di Dio Vincenzo Ortolá**, Prov. Scalza di S. Giovanni Battista di Valencia (Spagna), Sacerdote, Missionario Apostolico, Presidente e Parroco. Morì di peste mentre esercitava il suo ministero verso gli appestati, Martire di Carità. Sei anni di servizio. † 1786

Otto Marzo

In Gerusalemme, il servo di Dio **Raffaele Quinn**, Laico e Missionario, Prov. di S. Pietro in Francia, già premuroso infermiere del B. Federico Jansoone, religioso di grande prudenza ed operosa carità verso tutti. † 1966

Nove Marzo

In Gerusalemme, il servo di Dio **Pasquale Pala**, Laico, Terziario Oblato, Prov. di Sardegna, religioso di grande semplicità e per cinquantadue anni missionario in Terra Santa. † 1951

Dieci Marzo

In S. Maria degli Angeli, Assisi, il **Beato Pietro Cattani**, Sacerdote e Confessore, Compagno del N.S.P. S. Francesco. Governò per qualche tempo l'Ordine come Vicario Generale. Illustre per virtù e meriti, passò al Signore ed operò dopo morte numerosi miracoli. Fu in Oriente accompagnando S. Francesco e si spense poco dopo il suo ritorno. † 1221

In Aleppo, Siria, il servo di Dio **Giovanni Battista da Nicosia Sicula**, Laico, Prov. di Val Mazzara. Religioso esemplare, dopo trent'anni di servizio missionario, lasciò questa vita in fama di santità. † 1695

In Gerusalemme, il servo di Dio **Emmanuele Carnero**, Sacerdote, Missionario Apostolico, Prov. di Santiago di Compostella (Spagna). Religioso di pietà, laborioso ed affabile, generoso e disponibile verso tutti. Fu coraggioso missionario in Armenia ed esercitò il suo apostolato nella S. Custodia per sessantatre anni. † 1982

Dodici Marzo

A Colipulli, Cile, il **Servo di Dio Samuele Cestonaro da Sovizzo**, Laico e Martire. Dopo essere stato per tre anni missionario di Terra Santa e poi due anni Collettore per la medesima nel Commissariato di T. S. del Cile, fu ucciso a pugnalate da empi sicari. † 1868

In Nazaret, il servo di Dio **Arcangelo Rocchetti da Montefano**, Sacerdote e Missionario, Prov. delle Marche, già maestro dei novizi della Custodia. Dotato di grande zelo e prudenza, religioso esemplarissimo nella vita, negli scritti e nell'insegnamento, ricco di scienza e di non mediocre dottrina, fu missionario per trentun anni. † 1892

Tredici Marzo

In Gerusalemme, il servo di Dio **Sabino Marotta**, Sacerdote e Missionario, Prov. di Napoli. Uomo di rara prudenza nel governare, nei suoi cinquantasei anni di servizio in Custodia fu più volte discreto di T.S. Religioso esemplare, paziente, caritatevole e di continua preghiera. † 1969

Quattordici Marzo

Ad Acri, il **Servo di Dio Francesco Carreras**, Sacerdote Missionario Apostolico, Prov. Oss. di Catalogna, Spagna, morto nell'amministrare i sacramenti agli appestati, Martire di Carità. Dodici anni di servizio. † 1786

In Rosetta, Egitto, il **Servo di Dio Filiberto Manzone da Fossano** (Cuneo), Sacerdote e Missionario Apostolico, Prov. Oss. di S. Tommaso in Piemonte. Morì vittima dell'apostolato amministrando i Sacramenti ai suoi fedeli colpiti dalla peste, Martire di Carità. Quattro anni di servizio. † 1799

In S. Giovanni d'Acri, il servo di Dio **Pietro Antonio da Grana**, Sacerdote e Missionario, Prov. di S. Diego in Piemonte, adorno di straordinaria perfezione religiosa esercitò il suo apostolato in Terra Santa per ben cinquantasette anni. † 1787

Quindici Marzo

In Erzerum, Armenia, passione dei tre **Beati Monaldo d'Ancona** (Marche), **Francesco da Petriolo** e **Antonio Cantoni da Milano**, Sacerdoti e Martiri, i quali per la loro libera e intrepida predicazione della fede di Cristo furono tumultuariamente massacrati dai Saraceni e tagliati a pezzi. Le loro reliquie sono tenute in grandissima venerazione dagli Armeni. † 1314

In Tauris, Persia, passione del **Beato Francesco da Borgo S. Sepolcro**, Sacerdote e Martire, che per la confessione di fede in Gesù Cristo ottenne la corona del Martirio. † c. 1314

In Durazzo, Albania, il **Beato Antonio d'Alessandria** (Piemonte), Sacerdote e Confessore, già Vicario del S. Monte Sion, Vescovo Gerapolitano ed Arcivescovo di Durazzo. Religioso di insigni virtù, lavorò e operò molto in favore della Custodia di T.S. presso il Papa Clemente VI, Pietro IV d'Aragona e il Sultano d'Egitto al Cairo. Intraprese molteplici viaggi in tempi di estrema indigenza per la Missione e i Santuari (causa la morte di Sancia e la sparizione del Legato per conservare i Luoghi Santi e mantenervi i Missionari). A questa sua operosità dobbiamo anche il possesso, ottenuto nel 1347, del Santuario di Betlemme. † 1363

In Poggibonsi, Toscana, il **Beato Bartolomeo Lippi da Colle**, Sacerdote e Confessore, eloquentissimo predicatore, adorno di pietà, pazienza ed erudizione. Esercitato egregiamente per tre anni l'ufficio di Visitatore Apostolico e Commissario del Monte Sion, ricco di meriti passò al premio eterno. † 1478

In Gerusalemme, il servo di Dio **Agostino Hitan**, Laico e Missionario, Prov. di S. Leopoldo in Tirolo, religioso di grande semplicità e grande spirito di orazione. Per trent'anni lavorò con diligenza nei Santuari. † 1797

In Gerusalemme, il servo di Dio **Lucio Hoyos da Blanca**, Sacerdote e Missionario, Prov. di S. Giuseppe degli Scalzi, Castiglia (Spagna). Religioso esemplare in vita e in morte, fu Discreto di Terra Santa e per ventitre anni servì la S. Custodia. Il B. Salvatore Lilli compose e dedicò una ballata abruzzese per festeggiarne il cinquantesimo di sacerdozio. † 1882

Sedici Marzo

Memoria del **Superiore** di S. Giovanni d'Acri, **Anonimo, Sacerdote e Martire** scorticato vivo da efferati Maomettani in odio alla fede di Cristo. † 1799

In Ramleh, passione del **Servo di Dio Faustino Sinbinelli da Ponte di Legno** (Brescia), Laico e Martire, della Prov. Rif. S. Chiara, il quale fu preso dai Maomettani e fatto a pezzi. Pregando per i suoi carnefici, in quell'orrendo supplizio rese lo spirito a Dio. † 1799

Diciassette Marzo

A Nazaret, il **Servo di Dio Edoardo da Alessandria** (Piemonte), Sacerdote e Missionario Apostolico, Prov. di S. Diego in Insubria. Morì per contagio amministrando con sollecitudine ed eroicità i Sacramenti ai fedeli infetti dalla peste, Martire di Carità. Cinque anni di servizio. † 1760

In Tolosa, Francia, il **Beato Melchiorre Flavio da Albi**, Confessore, di nobile famiglia, ma ancora più illustre per scienza, ottimi costumi e santità di vita. Fu celebre per il dono della profezia e dei miracoli. Fece numerosi viaggi e pellegrinaggi in Terra Santa. † c. 1570

In Palermo, il servo di Dio **Pancrazio Donneschi**, Sacerdote e Missionario della Custodia di T.S., religioso esemplare, sacerdote zelantissimo e spirituale. † 2003

Diciotto Marzo

In Gerusalemme, il **Servo di Dio Claudio Jarier** (Francia), Sacerdote, Prov. Oss. della Pietà (Portogallo). Morì come Ministro "volontario" nel servizio degli appestati, Martire di Carità. † 1653

Diciannove Marzo

In Camerino, nelle Marche, il **Beato Giovanni Buralli da Parma**, Sacerdote e Confessore, settimo Ministro Generale dell'Ordine dei Frati Minori. Celeberrimo per le sue virtù, per le legazioni apostoliche che disimpegnò, per la dottrina e per la fama dei miracoli che operò in vita e dopo morte. Fu uno dei più illustri e zelanti Missionari Apostolici che operarono nel territorio della Missione di Terra Santa. Il suo culto immemorabile fu approvato dal Papa Pio VI. † 1289

A Ramleh, il **Servo di Dio Andrea da Sanfrè** (Cuneo), Sacerdote, Missionario Apostolico e Parroco, Prov. Oss. di S. Tommaso in Piemonte. Colpito dalla peste mentre amministrava i sacramenti ai fedeli a lui affidati e infermi di questo morbo, Martire di Carità. Cinque anni di servizio. † 1732

Venti Marzo

A Lodi, il **Beato Michele Càrcano da Milano**, Sacerdote e Confessore, famoso predicatore. Visitò i Luoghi Santi predicandovi ai Frati e ai fedeli. Dopo quasi due anni di assenza tornò in patria dove, da vero figlio di S. Francesco, si dedico alla predicazione esortando i fedeli alla meditazione della Passione di Gesù e al pellegrinaggio in Terra Santa. † 1484

In Gerusalemme, il servo di Dio **Piergiovanni Bettini**, Laico e Missionario, Prov. Veneta. Religioso di insigne carità verso tutti, esercitò per cinquant'anni in Gerusalemme l'arte di medico, amato e stimato anche dai musulmani. † 1905

Ventuno Marzo

In Napoli, S. Chiara, il servo di Dio **Prospero Zinelli da Brescia**, Sacerdote e Confessore, Prov. Rif. di Brescia, già Custode di Terra Santa, di chiara prudenza e dottrina. † 1758

Ventitre Marzo

In Gerusalemme, il servo di Dio **Nazzareno Fedeli da Pistoia**, Laico e Missionario, Prov. Romana. Religioso di vita esemplare, fu per trentaquattro anni a servizio dei Luoghi Santi. † 1895

Ventiquattro Marzo

Ad Acri, il **Servo di Dio Pietro Sanz da Torrija**, Sacerdote, spesso Superiore, Parroco, ed ex Commissario a Costantinopoli, Missionario Apostolico, Prov. Scalza di S. Giuseppe in Spagna. Facente funzione di Pro Presidente e Pro Parroco in Acri morì piamente in tempo di peste esercitando il Ministero in favore dei fedeli temporaneamente a lui affidati, Martire di Carità. Ventiquattro anni di servizio. † 1800

Venticinque Marzo

A Suakim, Egitto, Martirio dei **Servi di Dio Antonio da Pescopagano, Giuseppe da Atina** e **Felice da S. Severino**, Sacerdoti e Martiri che col taglio della testa per la fede riportarono il trionfo. † 1648

Al Cairo, Musky (Egitto), il **Servo di Dio Siro Antonio da Ticino** (Pavia), Laico, Prov. Rif. di S. Diego di Pavia. Morto assistendo e curando in tempo di peste gli infermi colpiti dal contagio, Martire di Carità. Nove mesi di servizio. † 1736

A Nazaret, il **Servo di Dio Camillo da Conzano** (Alessandria), Sacerdote e Missionario Apostolico, Prov. Oss. di S. Diego in Insubria (Piemonte). Amministrando i Sacramenti ai fedeli colpiti dalla peste contrasse lo stesso male e volò al cielo per ricevere il premio, Martire di Carità. Cinque anni di servizio. † 1760

In Ain Karem, S. Giovanni, il servo di Dio **Carlo Maria Lunghi da Brongio Milanese**, Sacerdote e Missionario, Prov. Rif. di S. Diego in Insubria. Già Sacerdote e Canonico all'età di venticinque anni entrò nell'Ordine Francescano per poter partire come Missionario in Terra Santa. Religioso di singolare mortificazione, Moderatore di Coro, ammirato da tutti per le lunghe orazioni che faceva giorno e notte, per i digiuni quotidiani, le astinenze e le penitenze corporali con le quali tormentava il suo corpo. I confratelli si divisero come reliquie le piccole cose che aveva in cella quando volò al cielo all'età di trentatre anni, dopo aver servito la Terra Santa per sei anni. † 1849

Ventisette Marzo

In Massaua, Eritrea, passione dei **Servi di Dio Francesco da Mistretta** e **Ludovico da Laurenzana**, Sacerdoti e Martiri, i quali per la fede Cattolica dagli scismatici monofisiti furono, come Cristo, crocifissi vivi e in croce conclusero il loro glorioso Martirio. † 1668

A Nazaret, il **Servo di Dio Antonio da Pescaglia** (Lucca), Sacerdote, Missionario Apostolico, Guardiano e Parroco, Prov. Oss. Romana. Morì di peste assistendo i fedeli colpiti dallo stesso morbo, Martire di Carità. Nove anni di servizio. † 1786

Ventinove Marzo

In Gerusalemme, il servo di Dio **Giuseppe Maria Rodal**, Sacerdote e Missionario, Prov. di S. Giacomo di Compostella (Spagna). Religioso spettabile per orazione, semplicità ed umiltà, servì i Luoghi Santi per quarantadue anni. † 1868

Trenta Marzo

In Napoli, il **Beato Ludovico Palmentieri da Casoria**, Sacerdote, Prov. Rif. di Napoli, fondatore dei Frati Bigi per il riscatto dei moretti schiavi. Pellegrinò spesso in Terra Santa e molto devotamente visitò i Santuari lasciando in iscritto le sue impressioni riguardanti visite e celebrazioni. Al ritorno in patria conduceva sempre con sé gli schiavi riscattati. Fu beatificato a Roma dal papa Giovanni Paolo II nel 1993. † 1885

A Giaffa, S. Pietro, il **Servo di Dio Bonaventura Sanahuja**, Sacerdote e Missionario, Prov. Oss. di Catalogna (Spagna). Morì di peste per aver amministrato i Sacramenti ai fedeli colpiti dallo stesso male, Martire di Carità. Quattro anni di servizio. † 1786

In Gerusalemme, il servo di Dio **Amedeo Ceccarelli**, Sacerdote e Missionario della Custodia di T.S., religioso devotissimo della Beata Vergine Maria, per molti anni esercitò il suo ministero nella Basilica del SS.mo Sepolcro. † 1971

Primo Aprile

In Alessandria d'Egitto, il **Servo di Dio Pacomio Meusnier**, Sacerdote, Missionario e Parroco, Prov. Recolletta di S. Maria Maddalena in Francia. Colpito dalla peste mentre amministrava i Sacramenti ai suoi Parrocchiani, morì Martire di carità. Un anno di servizio. † 1726

In Assisi, Umbria, il **Beato Cesario da Spira**, discepolo del Serafico Padre S. Francesco, Sacerdote e Confessore, già Chierico Suddiacono e studioso all'Università di Parigi, crociato in Acri, fu ricevuto all'Ordine nella Provincia di Terra Santa da frate Elia, primo ministro provinciale, e S. Francesco lo volle con sé tornando in Italia dopo la sua permanenza in Oriente. Religioso esemplare, famoso per erudizione e per lo zelo della povertà, fino alla morte fu acerrimo difensore delle paterne tradizioni e della primitiva osservanza. Lasciò questa vita assai celebrato per la santità e per i miracoli. † 1239

In Assisi, Umbria, la beata **Pica**, vedova, madre fortunata e gloriosa del nostro Serafico Padre S. Francesco. Di vita integerrima, abbracciò la Regola del Terz'Ordine esercitandosi nelle buone opere fino all'incontro con Cristo. Fu pellegrina in Terra Santa. † 1236

Due Aprile

In Akerman, il **Beato Angelo da Spoleto**, Sacerdote e Martire, ucciso per la fede cattolica con alcuni Compagni da Bulgari eretici. † 1314

Tre Aprile

In Firenze, il **Beato Gàspare da Barga**, Laico e Confessore, religioso insigne per la vita spirituale, pietà e povertà. Visse alcuni anni Missionario in Terra Santa, famoso per i miracoli in vita e dopo la morte. † c. 1500

In Roma, **San Giovanni Paolo II**, detto " il Grande", Papa, pellegrino in Terra Santa, insigne per vita santa ed opere. Amò in modo particolare la S. Custodia, i Santuari e i Missionari Francescani che in essa operano. Riconfermò ai Frati Minori l'affidamento ecclesiale dei Santuari nel 650mo anniversario delle Bolle di Clemente VI. Canonizzato da papa Francesco. † 2005

Quattro Aprile

Nel Cairo, Egitto, passione dei **Beati Nicolò da Monte Corvino**, **Francesco da Napoli**, Sacerdoti e Martiri, **Pietro da Roma**, Laico Terziario Oblato e Martire. Per la confessione della nostra Santa Fede dal Sultano furono rinchiusi in duro carcere, ma non avendo ceduto né a promesse, né a minacce, né a torture, dai furibondi Saraceni furono trucidati, conseguendo la palma del Martirio. † 1358

In Gerusalemme, passione della **Serva di Dio Maria da Coimbra** (Portogallo) del Terzo Ordine Francescano, Martire, la quale, predicando con tutta libertà il Nome e la legge di Gesù Cristo, fu dai Turchi condannata al rogo e bruciata viva sulla piazza della Basilica del SS.mo Sepolcro di N.S. Gesù Cristo, consumando così il suo Martirio. † 1582

In Gerusalemme, il servo di Dio **Isacco Rodríguez da Consuegra**, Laico e Missionario, Prov. di S. Giuseppe degli Scalzi, Castiglia (Spagna), religioso di grandi virtù che per quarantacinque anni lavorò nei Luoghi Santi. † 1885

Cinque Aprile

A Nicosia, Cipro, il **Servo di Dio Filippo da Cinquefrondi** (Calabria), Sacerdote e Missionario, Prov. Rif. dei Sette Martiri in Calabria. Mentre amministrava i Sacramenti ai fedeli malati di peste ne contrasse il morbo e affrontò volontariamente la morte, Martire di Carità. Sedici anni di servizio. † 1693

Sei Aprile

A Maraasc, Armenia Minore, il **Servo di Dio Patrizio Werkley**, Sacerdote, Missionario, Presidente e Parroco, Prov. di S. Giuseppe in Belgio. Curando nelle carceri turche i P.P. Cappuccini francesi ivi detenuti e colpiti dal tifo, col medesimo male chiuse la sua giovane vita, Martire di Carità. Aveva quarantadue anni di età, tredici di servizio. † 1917

In Gerusalemme, il servo di Dio **Simone Costés**, Laico e Missionario, Prov. di San Giacomo di Compostella (Spagna). Religioso che servì esemplarmente per cinquantanni i Luoghi Santi e i confratelli. † 1914

Sette Aprile

In Valladolid, Spagna, il **Beato Pietro da Santojo**, Sacerdote e Confessore. Pellegrinò in Terra Santa da Conventuale, e nei Luoghi Santi desiderò di aggregarsi all'Osservanza. Tornato in Europa si trattenne in Italia, dove visse per qualche tempo con S. Bernardino da Siena. In patria impiantò la regolare Osservanza e fu eletto primo Superiore della Custodia, divenuta poi Provincia, dell'Immacolata Concezione di Maria. Resosi illustre per austerità della vita, astinenza, orazione e miracoli, al termine delle sue fatiche rese l'anima a Dio. † 1431

In Acri, S. Giovanni, il **Servo di Dio Evangelista Micallef da Malta**, Sacerdote e Missionario, Prov. Oss. di Val di Noto in Sicilia. Missionario Apostolico e facente le funzioni di Parroco, come "volontario" ed "esposto" si offrì al servizio degli appestati e con lo stesso morbo lasciò questa vita, Martire di Carità. Un anno di servizio. † 1744

In Mugeidel, Nazaret, il servo di Dio **Raimondo Verdés**, Sacerdote e Missionario, Prov. di Catalogna, religioso di insigni virtù, apparve all'alba ai confratelli per avvisarli del suo transito appena avvenuto. † 1936

Otto Aprile

Nell'Isola di Cipro, il **Servo di Dio Bonaventura da Cremona** (Lombardia), Sacerdote della Prov. Oss. Romana. Lettore e Predicatore, insegnante di lingua greca e Missionario Apostolico. Offertosi "volontario" per il Ministero Sacro verso i fedeli contagiati dalla peste, con lo stesso morbo concluse il suo Apostolato, Martire di Carità. Due anni di servizio. † 1721

In Constantinopoli, il servo di Dio **Emmanuele Mandiguzia**, Sacerdote e Missionario, Prov. della Concezione in Spagna. Religioso di ammirevole esemplarità, come testimoniarono i confratelli e i secolari che ebbero a che fare con lui. † 1696

In Barcellona, Spagna, il servo di Dio **Sebastiano Vehil**, Sacerdote e Missionario, Prov. di Catalogna. Religioso zelante d'amore per i Luoghi Santi, missionario in Terra Santa per undici anni e Procuratore Generale della Custodia. Dovette abbandonare la Missione a causa delle mire indebite di un ecclesiastico che pretendeva arrogarsi l'amministrazione e arbitrariamente lo sospese " a divinis". Fu il promotore e principale restauratore dell'Ordine francescano in Spagna dopo la soppressione di Mendizabal, ottenendo da Isabella II l'apertura del Collegio di Missionari per Terra Santa di Priego de Cuenca. Morì a causa di violenze subite da massoni facinorosi. † 1873

In Aleppo, Siria, il servo di Dio **Sabbatino Del Gaizo**, Sacerdote e Missionario della Custodia di T.S., religioso di sode virtù. Per quarantadue anni fu benemerito ed eroico Missionario Apostolico in Armenia. Con gli Armeni soffrì persecuzioni ed esilio, continuando a soccorrerli fino alla sua morte. † 1934

Nove Aprile

In Tana, India, i **Beati Tommaso da Tolentino**, **Giacomo di Padova**, Sacerdoti e Martiri, **Pietro da Siena**, Chierico e Martire, **Demetrio da Tiflis** (Armenia), Laico e Martire, già Missionari in Armenia, che per la fede in Gesù Cristo furono coronati da un glorioso Martirio. Il Papa Leone XIII ne confermò il culto immemorabile. † 1321

In Lonigo, Veneto, il **Venerabile Adriano Osmolowsky da Antonowka** (Polonia), Sacerdote e religioso di eroiche virtù e singolare penitenza. Esule per la fede cattolica in seguito alla persecuzione religiosa dello Zar di Russia, fu missionario in Terra Santa per undici anni. Il suo corpo, esumato e trovato incorrotto dopo ventisei anni dalla morte, si conserva nella chiesa dell'Ordine a S. Daniele di Lonigo. † 1924

A Caltagirone, Sicilia, il servo di Dio **Giuseppe Maria Maniscalco da Alessandria della Rocca**, Vescovo e Confessore, già Sacerdote Frate Minore, Commissario di Terra Santa per la Sicilia e Ministro Generale O.F.M. Zelantissimo per i Luoghi Santi e i missionari durante il triste periodo delle soppressioni in Europa, fu benefattore dei Santuari anche dopo la morte, avendo lasciato per testamento 3000 scudi per la Santa Custodia. † 1855

Dieci Aprile

In Gerusalemme, il **Servo di Dio Lorenzo Del Rio**, Laico e Missionario, Prov. Oss. di S. Giacomo di Compostella (Spagna). "Esposto" in tempo di peste come Sacrestano del SS.mo Sepolcro del N. S. Gesù Cristo, per il servizio del Santuario incontrò la morte. Quattro anni di servizio. † 1732

In Alessandria d'Egitto, il **Servo di Dio Vincenzo da S. Anastasia** (Napoli), Sacerdote, Missionario Apostolico, Presidente e Parroco, Prov. Oss. di Terra di Lavoro in Campania. Mentre esercitava, come buon pastore, il ministero sacerdotale verso gli appestati finì santamente la vita colpito dallo stesso male, Martire di Carità. Tredici anni di servizio. † 1835

Undici Aprile

Nel Cairo, Egitto, passione del **Beato Giovanni da Etheo**, Sacerdote e Martire, che insieme con il suo Confratello Gonzalo, Laico e Martire, ambedue Spagnoli, dal Sultano furono presi e rinchiusi in carcere a Gerusalemme nel 1359. Essendo quivi per l'atrocità delle torture venuto a morte il suo Compagno nel 1363, Giovanni spaventato rinnegò la fede. Vergognandosi di ciò se ne andò in Egitto, ma dopo tre anni, pentito dell'errore commesso, confessò pubblicamente e con grande costanza il Nome di Cristo, per cui fu crudelmente battuto con le verghe e gli furono cosparse le piaghe con aceto e sale, infine con sei chiodi fu confitto ad una croce ed in quel supplizio ottenne la palma del Martirio. † 1366

Dodici Aprile

In Vicenza, S. Biagio, il servo di Dio **Gianfrancesco Morganti da Arzignano**, Sacerdote e Confessore, Prov. Oss. Veneta. Celebre Predicatore, Vicario Generale dell'Ordine, Missionario nei Luoghi Santi, Guardiano del Monte Sion e Custode di Terra Santa, Legato Pontificio tra i Maroniti. A Nicosia di Cipro fu fatto prigioniero dai Turchi e, venduto schiavo nell'isola di Chio, vi soffrì molto. Riscattato e tornato in patria morì con fama di santità. † 1598

Tredici Aprile

In Betlemme, il **Servo di Dio Damaso Alonso**, Sacerdote e Missionario, Prov. Oss. di Castiglia (Spagna). Già Superiore nel SS.mo Sepolcro, Nazaret e Betlemme. Attuale Parroco di Betlemme, grazie alla sua opera molti greci ortodossi furono ricondotti alla Chiesa Cattolica e aiutò con elemosine i poveri. Amministrando con gran sollecitudine i Sacramenti ai fedeli colpiti della peste, con lo stesso morbo lasciò la vita, Martire di carità. Quindici anni di servizio. † 1693

In Ramleh, il **Servo di Dio Giuseppe della Croce**, Sacerdote e Missionario Apostolico, Prov. Oss. dell'Immacolata Concezione in Spagna.

Come Parroco si offrì volontariamente per assistere i fedeli infermi di peste e concluse con quello stesso morbo il suo ministero, Martire di Carità. Undici anni di servizio. † 1828

Quindici Aprile

Nel Cairo, Egitto, passione del **Beato Giovanni Martinozzi da Montepulciano**, Martire, il quale, dai Saraceni sottoposto a vari tormenti e infine tagliato in due pezzi, conseguì vittorioso la palma del Martirio. † 1345

In Nazaret, il servo di Dio **Domenico di Maria SS.ma Addolorata**, Laico e Missionario, Prov. di Portogallo. Religioso adorno di grandi e singolari virtù. † 1834

Sedici Aprile

In Betlemme, il **Servo di Dio Francesco da Castello**, Laico e Missionario, Prov. Oss. Toscana. “Esposto” in tempo di peste, esercitando la carità con i fedeli ammalati, curandoli e seppellendoli, morì dello stesso morbo, Martire di Carità. Ventun anni di servizio. † 1693

In Ain Karem, S. Giovanni, il **Servo di Dio Giovanni della Croce**, Sacerdote e Missionario, Prov. Scalza di S. Diego in Andalusia (Spagna). Morì servendo gli ammalati di peste, Martire di Carità. † 1693

In Gerusalemme, il servo di Dio **Claudio Quaresmi da Lodi**, Sacerdote e Confessore, Prov. Oss. di Milano, famoso predicatore, pieno di virtù. Fu colpito dalla peste mentre, fervido nel suo ministero pastorale, visitava e guidava alla visita dei luoghi santi. † 1625

Diciassette Aprile

In Gerusalemme, il servo di Dio **Fulgenzio Pasini**, Prov Veneta, già Missionario e Vescovo in Cina, dove sopportò prigionia, percosse ed espulsione. Per ventotto anni fu poi Missionario in Terra Santa esercitando il suo apostolato nella Basilica dell'Agonia al Getsemani. Religioso distintosi per pietà, zelo e direzione delle anime nel Sacramento della Riconciliazione. È sepolto nel Santuario del Getsemani. † 1985

Diciotto Aprile

Nel Cairo, Egitto, il **Servo di Dio Siro da Dorno**, Sacerdote e Missionario, Prov. Rif. di S. Diego di Pavia (Insubria). Incontrò la morte per la peste mentre, in qualità di "esposto", amministrava i Sacramenti ai malati di questo male, Martire di Carità. Undici anni di servizio. † 1718

Diciannove Aprile

In Betlemme, il **Servo di Dio Remigio da Biella**, Laico e Missionario, Prov. Oss. di S. Tommaso in Piemonte. Sacrestano a Betlemme, fu colpito dalla peste mentre, in qualità di "esposto", compiva il suo ufficio nella custodia del S. Presepio. Due anni di servizio. † 1732

In Gerusalemme, il servo di Dio **Michele De Zio da Ruvo**, Sacerdote e Missionario, Prov. delle Puglie, Missionario Apostolico in Terra Santa per cinquantanove anni. Religioso esemplare e stimato per la grande pietà, umiltà, laboriosità e zelo missionario. † 1909

Venti Aprile

In Gerusalemme, il **Servo di Dio Diego Muñarez**, Sacerdote e Missionario, Prov. Oss. di Burgos (Spagna). Amministrando i Sacramenti agli appestati morì, Martire di carità. Due anni di servizio. † 1693

In Latachia, Siria, il **Servo di Dio Romualdo Blisio da Moncherio**, Sacerdote e Missionario Apostolico, Prov. Oss. di S. Tommaso in Piemonte. Mentre sostituiva il Presidente e Parroco nel ministero verso gli appestati morì dello stesso morbo, Martire di carità. Dieci anni di servizio. † 1787

Ad Ain Karem, S. Giovanni, il **Servo di Dio Gioacchino Busto**, Sacerdote, Missionario Apostolico e Parroco, Prov. Oss. di Burgos (Spagna). Colpito dalla peste mentre esercitava il ministero pastorale verso i fedeli infetti da questo morbo, morì Martire di carità. Otto anni di servizio. † 1839

Ventuno Aprile

In Betlemme, il servo di Dio **Eletto Zwinner**, Sacerdote e Missionario, Prov. di Boemia. Organista nei Santuari e religioso esemplare. † 1668

Ventidue Aprile

In Alessandria d'Egitto, il **Servo di Dio Antonio da Corpolò** (Rimini), Sacerdote, Missionario Apostolico, Superiore e Parroco, Prov. Oss. di Bologna. Servendo i suoi fedeli colpiti dalla peste mentre esercitava il Sacro Ministero, ne contrasse il morbo morendo Martire di carità dopo trenta anni di servizio alla S. Custodia. † 1796

In Nazaret, il **Servo di Dio Giuseppe da Villares**, Sacerdote, Missionario e Parroco, Prov. Scalza di S. Gabriele in Spagna. Durante l'epidemia si offrì alla morte, Martire di carità, nell'adempiere il Sacro Ministero verso i suoi fedeli colpiti dal morbo. Cinquantaquattro anni d'età e quindici di servizio. † 1841

Ventitre Aprile

In Perugia, Umbria, il **Beato Egidio d'Assisi**, Chierico e Confessore, Compagno del nostro Serafico Padre San Francesco, celebre per la povertà, castità e le altre virtù, così come per celesti carismi. Risplendette per la fama dei miracoli tanto prima che dopo la morte. Fu il primo Frate Minore che, col B. Pellegrino da Falerone, nel 1215 pellegrinò in Terra Santa. † 1262

A Giaffa, S. Pietro, il **Servo di Dio Michele Domínguez**, Sacerdote e Missionario, Prov. Oss. di S. Michele in Spagna. Colpito dalla peste mentre assisteva i Confratelli affetti dallo stesso male, morì dopo due anni di servizio, Martire di Carità. † 1786

Ventiquattro Aprile

In Boston, Stati Uniti d'America, il servo di Dio **Matteo De Benedictis**, Sacerdote e Missionario, Prov. della Immacolata Concezione negli Stati Uniti. Già Economo Custodiale, religioso esemplare, imparziale e di carità disinteressata verso tutti. † 1992

Ventisei Aprile

In Tripoli di Siria, Libano, passione di **Sette Frati Minori** col loro **Superiore** Sacerdote Anonimo Inglese, beati e Martiri che, nell'espugnazione di quella città da parte delle orde saracene del Sultano Qalaùn, mentre erano intenti a confermare nella fede i Cristiani, dai medesimi musulmani furono tutti messi a morte in mezzo a crudeli supplizi. † 1289 (giorno incerto)

Con loro venne anche martirizzato il **Beato Guiscardo dei Guiscardi** da Cremona, Vescovo di Tripoli, Frate Minore e Martire. † 1289 (giorno incerto)

Nel Cairo, Egitto, il **Servo di Dio Casimiro Nerlich da Filesca**, Sacerdote e Missionario, Prov. Rif. d'Austria. Morì, Martire di carità, esercitando come volontario il Ministero verso gli appestati. Quattro anni di servizio. † 1718

Ventisette Aprile

In Sidone, Libano, il **Servo di Dio Berardo Dapin**, Sacerdote e Missionario, Prov. di S. Francesco in Francia. Religioso esemplare e di grande pietà. Morì, Martire di Carità, nel servizio dei contagiati dalla peste.† 1647

In Betlemme, il **Servo di Dio Clemente da Caltanissetta**, Sacerdote, Missionario e attuale Parroco a S. Giovanni in Ain Karem, Prov. Rif. di Val di Mazzara in Sicilia. Si offrì come volontario per il Sacro Ministero verso i parrocchiani di Betlemme colpiti dalla peste e coronò il suo servizio pastorale col Martirio di carità. Nove anni di servizio. † 1693

In Acri, il **Servo di Dio Carlo Innocenzo Giordano da Cuneo**, Sacerdote e Missionario Apostolico, Prov. Rif. di S. Tommaso in Piemonte.

Fu colpito dalla peste mentre amministrava i Sacramenti ai fedeli infetti dallo stesso morbo, Martire di Carità. Ventitre anni di servizio. † 1760

In Betlemme, il **Servo di Dio Benedetto Paris**, Sacerdote, Missionario Apostolico e Parroco, Prov. Oss. di Catalogna, Spagna. Morì esercitando il suo Ministero verso gli infetti dalla peste, Martire di Carità. Undici anni di servizio. † 1801

In Gerusalemme, il servo di Dio **Giacomo da Carini**, Laico e Missionario, Prov. di Val Mazzara, Sicilia. Religioso esemplare, per trent'anni consecutivi fu vigilantissimo custode e sagrestano nel Santo Sepolcro. Le sue virtù religiose furono riconosciute e rispettate anche dai Fratelli Separati. I suoi resti mortali attendono la risurrezione dai morti nella Basilica del Santo Sepolcro, dietro la lapide a lui dedicata nella galleria latina. † 1876

Ventinove Aprile

In Gerusalemme, il servo di Dio **Angelo Costés da Portella**, Laico e Missionario, Prov. di Catalogna, religioso esemplare e spettabile per la pazienza nelle avversità. † 1869

In Gemona, Friuli, il servo di Dio **Bernardo Bellosi da Milano**, Sacerdote e Missionario, Prov. Veneta, per trentadue anni Missionario Apostolico in Terra Santa. Fu religioso esemplare e zelante nell'apostolato, specialmente nei riguardi degli operai addetti ai lavori del Canale di Suez. † 1895

Trenta Aprile

In Larnaca, Cipro, il **Servo di Dio Sigismondo da Gualtieri** (Reggio Emilia), Sacerdote e Missionario Apostolico, Prov. Oss. di Bologna. Servendo volontariamente i fedeli colpiti dalla peste per lo stesso male incontrò la morte, Martire di carità. Cinque anni di servizio. † 1760

Primo Maggio

In Sidone, Libano, il **Servo di Dio Pietro Mariette**, Sacerdote, Missionario e Cappellano. Martire di carità servendo i fedeli ammalati di peste. Un anno di servizio. † 1626

Due Maggio

In Damasco, Siria, il **Servo di Dio Giovanni Riba**, Sacerdote e Missionario Apostolico, Prov. Oss. di Catalogna (Spagna). Colpito dalla peste mentre, spinto dallo zelo per le anime, serviva i fedeli infetti da pestifero morbo, conseguì la corona del Martirio di carità. Diciassette anni di servizio. † 1760

In Aleppo, Siria, il servo di Dio **Lorenzo da Monte Acuto**, Sacerdote e Missionario, Prov. di Bologna. Religioso esemplare e di ottime qualità. † 1670

In Latachia, Siria, il **Servo di Dio Carlo Francesco da Alessandria** (Piemonte), Sacerdote, Missionario Apostolico, Presidente e Parroco, Prov. di S. Diego in Insubria (Piemonte). Mentre amministrava i Sacramenti ai fedeli infetti di peste soccombette allo stesso morbo, Martire di carità. Circa tredici anni di servizio. † 1802

Tre Maggio

In Damasco, Siria, il servo di Dio **Giovanni di S. Diego**, Laico e Missionario, Prov. Oss. di S. Michele (Spagna). Religioso esemplare, singolare nell'obbedienza, semplicità, orazione ed altre virtù come fu attestato dal Custode e dal suo confessore. † 1670

In Larnaca, Cipro, il **Servo di Dio Giovanni Mauleon**, Sacerdote Missionario Apostolico, Prov. Oss. di Aquitania (Francia). "Esposto" come volontario per amministrare i Sacramenti ai fedeli colpiti dalla peste, conseguì il Martirio di carità. Dodici anni di servizio. † 1760

In Gerusalemme, il servo di Dio **Serafino da Novara**, Sacerdote e Missionario, Prov. di Sicilia. Religioso esemplare e di grande pietà e devozione verso la Santa Croce. Passava ogni giorno lunghissime ore in preghiera sul S. Calvario e spesso vi vegliava anche durante la notte. † 1667

Cinque Maggio

In Assisi, il **Beato Illuminato da Rieti**, Confessore e Compagno del nostro Serafico Padre S. Francesco, venne con lui in Oriente, incontrò il Sultano e visitò la Terra Santa nel 1219. Uomo di esimia virtù e perfezione. † 1266

In Gerusalemme, il **Servo di Dio Francesco Jordá**, Sacerdote, Missionario e Parroco, Prov. Oss. di Catalogna (Spagna). Fu colpito dalla peste mentre esercitava il ministero sacerdotale verso i fedeli infetti dal contagioso male, Martire di Carità. Diciotto anni di servizio. † 1693

In Rosetta, Egitto, il **Servo di Dio Giovanni Benito**, Sacerdote e Missionario, Prov. Alcant. di S. Giovanni Battista di Valencia (Spagna). Zelantissimo per le anime, servendo gli appestati come Parroco, soccombette, Martire di carità, in questo ministero. Quarantadue anni di servizio. † 1703

Sei Maggio

Nel Cairo, Egitto, il **Servo di Dio Antonino da Rabàth** (la Notabile) di Malta, Sacerdote e Missionario, Prov. Rif. di Val Mazzara in Sicilia. Colpito dalla peste mentre come volontario nell'esercizio del Sacro Ministero assisteva i fedeli contagiati dal morbo, lasciò questa vita, Martire di carità. Cinque anni di servizio. † 1718

A Giaffa, S. Pietro, il **Servo di Dio Gioacchino Cerdá**, Sacerdote, Missionario Apostolico, Presidente e Parroco, Prov. Oss. di Valencia (Spagna). Servendo gli appestati lasciò la vita per lo stesso morbo, Martire di carità. Undici anni di servizio. † 1799

Nel Cairo, Egitto, la **Beata Caterina Troiani**, vergine del Terz'Ordine, fondatrice delle Francescane Missionarie d'Egitto, ora dette del Cuore Immacolato di Maria. Anima intrepida e religiosa, dotata di singolari virtù, visitò piamente i Luoghi Santi e fondò in Gerusalemme una comunità di Suore per il servizio dell'Orfanotrofio femminile della Custodia che ressero per cento anni. Fu beatificata da Giovanni Paolo II. † 1887

Sette Maggio

In Alessandria d'Egitto, il **Servo di Dio Giuseppe Dandlau**, Sacerdote, Missionario e Parroco per i fedeli di lingua francese, Prov. Recolletta di S. Giuseppe delle Fiandre (Belgio). Incontrò la morte amministrando i Sacramenti ai fedeli colpiti dalla peste, Martire di Carità. Due anni di servizio. † 1768

In Alessandria d'Egitto, il **Servo di Dio Salvatore da Àvola** (Sicilia), Sacerdote, Missionario Apostolico, Presidente, Parroco e Vice prefetto della Missione d'Egitto, Prov. Oss. di Val di Noto (Sicilia). Infierendo la peste, cadde Martire di carità nel suo ministero. Quattro anni di servizio. † 1835

In Quaracchi, presso Firenze, in Toscana, il **Venerabile Bernardino Dal Vago da Portogruaro**, Ministro Generale O.F.M. e Arcivescovo titolare di Sardica. Adorno di belle doti di natura e di grazia, nominato Ministro Generale dal Beato Pio IX, governò saggiamente l'Ordine dei Frati Minori, per più di venti anni e in tempi assai difficili. Dopo aver illustrato l'Ordine con l'esercizio della virtù proprie di un prelato francescano, pieno di meriti si addormentò nel Signore. Fu zelante per la Missione della Custodia di Terra Santa, particolarmente nel non farvi mancare buoni e numerosi missionari. † 1895

Nel campo di concentramento di Meskenè, località sull'Eufrate, il servo di Dio **Pasquale Boladian da Maraasc** (Cilicia), Laico e Confessore della Custodia di Terra Santa. Religioso di preghiera e grande carità, il quale prestò per molti anni in Aintab un generoso e competente servizio medico e farmaceutico ai poveri e ai sofferenti. Scoppiata la persecuzione dei Turchi contro i cristiani Armeni venne deportato e, per gli strapazzi del cammino a piedi, la fame, gli stenti, l'età e le sofferenze provocate dalla dissenteria lasciò questa valle di lacrime accomunato al Genocidio del popolo Armeno. † 1916

Nove Maggio

In Betlemme, il **Servo di Dio Beato Cassotti da Berbenno**, Laico e Missionario, Prov. Rif. di Brescia. Fu colpito dalla peste mentre prestava servizio al S. Presepio in qualità di "esposto". Due anni di servizio. † 1787

Dieci Maggio

In Sidone, Libano, il **Servo di Dio Pier Damiano da S. Damiano**, Sacerdote e Missionario Apostolico, Prov. Oss. di S. Tommaso in Piemonte. Fu colpito dalla peste mentre esercitava come "volontario" il Sacro Ministero, offrendo la sua vita terrena per quella eterna dei fedeli appestati, Martire di Carità. Nove anni di servizio. † 1732

In Gerusalemme, il servo di Dio **Giuseppe Aguillo**, Sacerdote e Missionario, Prov. di San Giacomo di Compostella (Spagna). Missionario Apostolico per trentadue anni. Religioso dotato di grande zelo per la salvezza delle anime. † 1905

Undici Maggio

In Aleppo, Siria, il servo di Dio **Materno Muré**, Sacerdote e Missionario, Prov. di Olanda, per quarantun anni Missionario Apostolico nella Custodia, zelante ed eroico parroco e superiore nell'Armenia durante le persecuzioni turche contro i fedeli Armeni di rito latino, dei quali condivise stenti, sofferenze ed esilo. Fu l'ultimo Presidente della Missione Francescana in Cilicia. † 1932

Dodici Maggio

In Damasco, Siria, il **Servo di Dio Secondo Leonardo da Suna**, Sacerdote e Missionario Apostolico, Prov. Oss. di Milano (Lombardia). Fu colpito dalla peste mentre eservitava come "volontario" il Sacro Ministero verso gli affetti dallo stesso morbo, Martire di Carità. Nove anni di servizio. † 1760

A Giaffa, S. Pietro, il **Servo di Dio Giovanni Alonso da Yelmo**, Sacerdote, Missionario Apostolico e Parroco, Prov. Oss. degli Angeli in Spagna. Fu colpito dalla peste amministrando i Sacramenti ai parrocchiani infetti dal contagio e sacrificò la vita come buon pastore del suo gregge, Martire di Carità. Dodici anni di servizio. † 1827

In Damasco, Siria, il servo di Dio **Giuseppe Arzi della Concezione**, Sacerdote e Missionario, Prov. di Cantabria. Religioso molto buono e santo, servì in Custodia per ventitre anni come Missionario Apostolico. † 1718

Tredici Maggio

In Rosetta, Egitto, il **Servo di Dio Annibale Oreglia da Bene**, Sacerdote, Missionario Apostolico e Presidente, Prov. Oss. di S. Tommaso in Piemonte. Morì di peste esercitando zelantemente l'ufficio di Parroco, Martire di Carità. Quattro anni di servizio. † 1835

In Alessandria d'Egitto, il servo di Dio **Giovanni Capistrano Cayer**, Prov. di S. Giuseppe in Canada, Vescovo e Vicario Apostolico d'Egitto. Religioso di grandi virtù e di carità inesauribile verso i poveri. † 1978

Quattordici Maggio

In Acri, il **Servo di Dio Rocco della Normandia** (Francia), Sacerdote del Terz'Ordine Regolare Francescano. Servendo i fedeli colpiti dalla peste soccombette al contagio, Martire di Carità, mentre esercitava verso di loro come "volontario" il ministero sacerdotale. Un anno di servizio. † 1702

In Assisi, il **Beato Bàrbaro d'Assisi**, Confessore, Compagno del nostro Serafico Padre San Francesco col quale, nel 1219, venne in Oriente e visitò la Provincia di Terra Santa. Si segnalò per il suo amore all'altissima povertà e per santità di vita. † 1229

Sedici Maggio

In Gerusalemme, passione del **Beato Gonzalo**, Laico Spagnolo e Martire, il quale, insieme al beato Giovanni Etheo fu per la fede arrestato dal Sultano nel 1359. Trattato nel carcere con grande crudeltà vi soccombette in seguito a molti e lunghi patimenti. † 1363

In Larnaca, nel Convento di Santa Maria (Cipro), il **Servo di Dio Carlo Zappa da Rezzónico** (Como), Prov. Milanese. Martire di carità nel servizio agli appestati. † 1671

Diciassette Maggio

Nel Cairo, Egitto, passione del **Servo di Dio Francesco Clemente da Semur** (Francia), Sacerdote e Martire, il quale per debolezza cadde nell'apostasia, ma, sinceramente pentito, dopo essersi riconciliato in carcere, confessò pubblicamente la fede Cristiana e la confermò offrendo la sua giovane vita al glorioso martirio della decapitazione. † 1703

In Gerusalemme, il servo di Dio **Eusebio Zerboni da Velles**, Sacerdote e Missionario, Prov. Rif. di Milano, già Definitore Generale dell'Ordine e Ministro Provinciale. Fu Guardiano del S. Monte Sion e Custode di Terra Santa, religioso molto virtuoso e paziente durante i molteplici patimenti e contrarietà sofferte per la Custodia dei Luoghi Santi che ne causarono la morte prematura durante la carica ed ancora in giovane età. † 1662

Diciotto Maggio

In Antiochia di Siria, ora Turchia, passione di **tutti i Frati Minori** del Convento della città e quelli del Convento della Montagna Nera, Anonimi e Martiri, i quali insieme a una grande moltitudine di Cristiani furono uccisi in odio della fede per ordine del crudele Sultano Baibars. † 1268

In Tolemaide, S. Giovanni d'Acri, memoria di **Quattordici Frati Minori**, Anonimi e Martiri, i quali nell'espugnazione della città, con i Padri Domenicani ed altri cristiani, furono crudelmente massacrati dai Saraceni per la fede di Cristo. † 1291

In Tolemaide, S. Giovanni d'Acri, passione di **Settantaquattro Clarisse** Anonime e Martiri che, nell'espugnazione della città, capeggiate dalla loro intrepida Badessa, si sfigurarono il volto per conservare la loro verginità e per la costanza della fede e la difesa della pudicizia caddero vittime delle spade dei Saraceni che ne fecero un empio massacro. † 1291

In Aleppo, Siria, il **Servo di Dio Luca Cavallero**, Sacerdote e Missionario Apostolico, Prov. Oss. degli Angeli in Spagna. Insegnante di lingua araba e turca, nell'esercizio del Sacro Ministero intrapreso per la salute delle anime, prontamente e volontariamente si mise al servizio degli appestati fino a contrarne il morbo, Martire di Carità. Quattordici anni di servizio. † 1719

In Larnaca, Cipro, il **Servo di Dio Michele da Sala**, Sacerdote e Missionario della Provincia di Principato (Campania). Morto nel servizio volontario agli appestati, Martire di Carità. † 1760

Diciannove Maggio

A Giaffa, passione dei **Servi di Dio Francesco Peralta** e **Martino Caballero**, Sacerdoti Spagnoli e Martiri, della Prov. di Castiglia (Spagna), i quali per comando del tiranno Abu-Dahab vennero decapitati per la fede in Cristo. † 1775

In Tiberiade, il servo di Dio **Luca Kelnhoffer da Schwaz**, Sacerdote e Missionario, Prov. del Tirolo. Missionario Apostolico in Terra Santa per ventisei anni, religioso di singolare virtù, parroco prudente e di zelo non comune, uomo di fervente orazione e grande carità verso confratelli e parrocchiani. † 1893

Venti Maggio

In Damasco, Siria, il **Servo di Dio Giuseppe Rol**, Sacerdote, Missionario Apostolico e attuale Presidente dell'Ospizio in quella città, Prov. Oss. di Catalogna (Spagna). Morto di peste per aver esercitato come volontario il Sacro Ministero verso gli infermi infetti dallo stesso morbo, Martire di carità. Tredici anni di servizio. † 1693

In Betlemme, il **Servo di Dio Francesco Benito**, Laico e Missionario, Prov. Oss. di Valencia (Spagna). Morto di peste mentre era "esposto" per il servizio al S. Presepio. Otto mesi di servizio. † 1732

VENTUNO MAGGIO

IN GERUSALEMME, passione di **molti Frati Minori**, Anonimi e Martiri, che nella persecuzione del Sultano d'Egitto Melek ez-Zaher Giakmak furono imprigionati in odio della fede in Cristo e martirizzati. † 1446 (giorno incerto)

IN EGITTO, passione di **alcuni Frati Minori**, Anonimi e Martiri, che con molti Cristiani furono uccisi in odio della fede cristiana dal tirannico Sultano Melek ez-Zaher Giakmak durante la persecuzione nei suoi domini. † 1446 (giorno incerto)

VENTITRE MAGGIO

IN RAMLEH, il **Servo di Dio Gerolamo di Piana**, Sacerdote, Missionario e Predicatore, Prov. Rif. di Palermo, Sicilia. Mentre esercitava come volontario il Sacro Ministero verso i fedeli infetti dalla peste, soccombette per lo stesso morbo, Martire di carità. In questo modo offrì un mirabile esempio pratico delle virtù che predicava. Due anni di servizio. † 1681

VENTIQUATTRO MAGGIO

IN ALESSANDRIA D'EGITTO, il **Servo di Dio Pietro Antonio da Genova**, Sacerdote, Missionario Apostolico e Parroco, Prov. Oss. Genovese (Liguria). Esercitando il suo dovere sacerdotale verso i malati di peste, colpito dallo stesso morbo concluse la sua giovane vita, Martire di carità. Due anni di servizio. † 1823

Venticinque Maggio

In Firenze, il **Beato Gerardo Mecatti da Villamagna**, Confessore, Cavaliere ausiliare gerosolimitano, pellegrinò due volte nei Luoghi Santi e visse in Terra Santa per sette anni assistendo gli ammalati e aiutando i pellegrini. Tornato in patria divenne alunno del Terz'Ordine Serafico vivendo da eremita. Illustre per l'amore alla vita contemplativa e per la pratica della penitenza, il suo culto immemorabile fu riconosciuto ed approvato da Papa Gregorio XVI. † 1276

Ventisei Maggio

In Damietta, Egitto, il **Servo di Dio Michelangelo Chircop da Malta**, Sacerdote, Missionario e Penitenziere, Prov. Oss. di Val di Noto in Sicilia. Colpito della peste durante il compimento del suo Ministero, morì Martire di Carità. Un anno di servizio. † 1693

In Acri, S. Giovanni, il **Servo di Dio Costante da Cresciano**, Sacerdote, Missionario e attuale Parroco, Prov. Rif. Romana. Colpito a morte dall'epidemia durante il Ministero esercitato tra gli appestati, Martire di Carità. Un anno di servizio. † 1735

In Milano, il servo di Dio **Stefano Bizi**, Laico e Missionario della S. Custodia. Per diciotto anni infermiere in San Salvatore (Gerusalemme), esercitò il suo ufficio con grande diligenza e carità. † 1966

Ventisette Maggio

In Alessandria d'Egitto, il **Servo di Dio Berardo Coreau**, Sacerdote, Missionario, Predicatore, Penitenziere e Cappellano, Prov. Recolletta di S. Maria Maddalena in Francia. Si prodigò come volontario nell'amministrare i Sacramenti ai fedeli infetti da peste soccombendo allo stesso male, Martire di carità. Due anni di servizio. † 1686

In Cairo, Egitto, il **Servo di Dio Arcangelo da Orsara** (Foggia), Sacerdote, Missionario Apostolico e Vice Prefetto della Missione d'Egitto, Prov. Oss. di S. Angelo in Puglia. Colpito dalla peste nell'esercizio del suo ministero. Dieci anni di servizio. † 1731

In Gerusalemme, il servo di Dio **Diego Damiani da Conegliano**, Laico e Missionario, Prov. Veneta, nei quarant'anni di servizio in Terra Santa diede singolare esempio di laboriosità e pietà. Religioso esemplare, si spense in veneranda vecchiaia. † 1935

Ventotto Maggio

In Castelnuovo di Garfagnana, Toscana, il **Beato Ercolano da Piagale**, Sacerdote e Confessore, esimio Predicatore, che operò molto col B. Alberto da Sarteano in favore dei Santuari e per l'invio di missionari in Terra Santa. Famoso pure per austerità di vita, incredibile astinenza e per i miracoli. Pio IX ne approvò il culto " ab immemorabilis". † 1451

In Cairo, Egitto, il **Servo di Dio Gerolamo da S. Anatolia**, Sacerdote e Missionario, Prov. Oss. Serafica. Lasciando Alessandria per servire gli appestati nel Cairo, dopo pochi giorni da volontario nel ministero perì di peste, Martire di carità. Tre anni di servizio. † 1835

Ventinove Maggio

In Nazaret, il servo di Dio **Enrico Collado da Titijacas**, Sacerdote e Missionario, prov. di Valencia (Spagna). Missionario Apostolico e religioso esemplare per la perfezione religiosa, la preghiera e una devozione speciale alla B. Vergine Maria dalla quale ottenne moltissimi miracoli visitando gli infermi con l'icona della Madonna ora conservata al Cairo-Muski. Mostrò grande zelo pastorale nel corso dei suoi cinquantasei anni di servizio in Terra Santa. Fu il primo frate che accettò di abitare in Damasco subito dopo il Martirio del B. Emmanuele Ruiz e Compagni. Raccolse e collocò in luogo decente le Reliquie dei Martiri, restaurò chiesa e convento e coraggiosamente vi esercitò pubblicamente il ministero. † 1887

Trenta Maggio

In Aleppo, Siria, il **Servo di Dio Antonio da Badolato** (Catanzaro), Sacerdote e Missionario, Prov. Rif. dei Sette Martiri in Calabria. Fu Presidente Custodiale di Terra Santa, più volte Superiore e Parroco ed attuale Guardiano d'Aleppo. Colpito dalla peste mentre serviva come volontario i fedeli infermi dal contagioso male, lasciò questa vita, Martire di carità. Trentasette anni di servizio. † 1719

In Gerusalemme, il servo di Dio **Ermete Kohout**, Sacerdote e Missionario della Custodia di Terra Santa. Per quarant'anni zelantissimo Parroco di Gerusalemme, Missionario Apostolico, religioso ornato di grande zelo per le anime. Il suo corpo è sepolto nella Basilica dell'Agonia al Getsemani. † 1948

Primo Giugno

In Alessandria d'Egitto, il servo di Dio **Fedele Orsini**, Sacerdote e Missionario, Prov. Serafica. Missionario Apostolico che nella vigna del Signore lavorò come servo buono e fedele per sessantasei anni. † 1931

Due Giugno

In Assisi, Umbria, il **Beato Leonardo d'Assisi**, Confessore e Compagno del nostro Serafico Padre S. Francesco, il quale, nato da illustre famiglia, preferì servire Cristo in somma umiltà, povertà e santità di vita. Pellegrinò in Oriente al seguito di S. Francesco nel 1219. † 1230 c.

Tre Giugno

In Roma, **San Giovanni XXIII**, Papa, Terziario francescano. In gioventù pellegrino devoto in Terra Santa, ove partecipò alla consacrazione della Basilica di Emmaus fatta dal B. Card. Ferrari, Arcivescovo di Milano, e alla Consacrazione dell'altare del santuario di Cana di Galilea. Fu canonizzato da papa Francesco. † 1963

In Gerusalemme, il servo di Dio **Salvatore da Carenzano**, Laico e Missionario, Prov. di Genova. Nei suoi quarantotto anni di servizio nella S. Custodia si mostrò sempre vero figlio del nostro Serafico Padre S. Francesco e in modo particolare si segnalò nelle virtù della povertà e dell'umiltà, nella carità col prossimo e nell'esercizio dell'orazione. † 1883

In Gerusalemme, il servo di Dio **Benigno Dasrenzi da Oliveto** (Rieti), Laico e Missionario, del Ritiro di S. Bonaventura, Roma. Religioso esemplare, caritatevole, povero e coraggioso difensore dei diritti della Chiesa Cattolica nei Santuari anche col pericolo della propria vita. Servì la S. Custodia per trentacinque anni. † 1893

Quattro Giugno

In Betlemme, il **Servo di Dio Siro Bernardino da Ticino** (Pavia), Sacerdote e Missionario, Prov. Rif. di S. Diego di Pavia. Sostituendo il Parroco, offrì se stesso come volontario per servire i fedeli infetti da peste e morì Martire di carità. Circa trenta anni di età, due anni di servizio. † 1711

In Gerusalemme, il **Servo di Dio Francesco da Siracusa**, Sacerdote, Missionario, Lettore e Predicatore, Prov. Oss. di Val di Noto in Sicilia. Per circa trent'anni dimorò sempre nella Basilica del SS.mo Sepolcro e fu colpito dalla peste mentre serviva devotamente nel Santuario. † 1732

In Santiago del Cile, nel Commissariato di Terra Santa, il servo di Dio **Luigi Michelluci da Nave**, Laico e Missionario, Prov. Serafica, religioso esemplare, buono, virtuoso e di Comunione quotidiana! † 1880

Cinque Giugno

A Salmastro, Persia, passione del **Beato Guglielmo Walden** d'Inghilterra, Martire, il quale dopo aver sofferto carcere, catene e torture per la fede di Cristo, trafitto infine con la spada dagli infedeli passò a ricevere la corona eterna. † 1334

In Gerusalemme, il servo di Dio **Giuseppe da Narni**, Laico e Missionario, Prov. Serafica. Religioso esemplare e di buoni costumi, servì la Terra Santa per trentotto anni. † 1725

In Roma, Santa Maria di Ara-Coeli, il servo di Dio **Pasquale Franzoni da Varese**, Sacerdote e Confessore, Lettore e Ministro Provinciale della Provincia milanese. Con somma prudenza, angelica amabilità, splendide virtù e attività ininterrotta santamente resse per ventitre anni tutta la famiglia dei Frati Minori. Durante il suo governo operò molto a sostegno della Custodia. † 1768

In Venezia, il servo di Dio **Giancrisostomo Guzzo** da Ènego, Sacerdote e Confessore, Prov. Veneta, per molti anni Missionario e Commissario di Terra Santa. Perito scrittore agiografico, fu religioso di non comuni virtù, specialmente amore ai Luoghi Santi, ai suoi Missionari e alle vocazioni. Era mosso da grande zelo apostolico per le anime, che esprimeva soprattutto con la predicazione e l'assiduità al confessionale. Ilare, semplice, gioviale, zelante e caritatevole con i religiosi di Terra Santa, visse amato e morì compianto da tutti. † 1953

Sei Giugno

In Carcassonne, Francia, il beato **Bonaventura Brochart**, Sacerdote e Confessore, celebre per erudizione, predicazione e viaggi apostolici a servizio della Santa Madre Chiesa. Pellegrinò lungo tempo anche in Terra Santa, giungendo fino al Monte Sinai. Scrisse una pregevole Guida-Itinerario sui Santuari e sui Luoghi Santi e in buona vecchiaia si riposò in Cristo. † c. 1536

In Damasco, Siria, il **Servo di Dio Pietro Coll**, Sacerdote, Missionario e Predicatore, Prov. Oss. di Catalogna (Spagna). Colpito dalla peste nel volontario servizio ai fedeli affetti dal morbo, soccombette al contagio, Martire di carità. Dodici anni di servizio. † 1692

In Betlemme, il **Servo di Dio Cherubino da Caserta**, Laico e Missionario, Prov. Rif. di Terra di Lavoro (Campania). "Esposto" per il servizio dei santuari in tempo di peste, morì di questo stesso male a trentun anni di età. † 1720

Sette Giugno

In Gerusalemme, il servo di Dio **Giuseppe Ambrosini da Jesi**, Sacerdote e Missionario, Prov. Serafica. Fu religioso di colombina semplicità e per quarantun anni esemplare missionario in Terra Santa. † 1876

Otto Giugno

In Rosetta, Egitto, il **Servo di Dio Giuseppe Mazet**, Sacerdote, Missionario e attuale Presidente del locale Ospizio, Prov. Rif. dell'Antica Aquitania. Morto di peste durante il compimento del suo Ministero, Martire di Carità. Dieci anni di servizio. † 1718

In Nazaret, il **Servo di Dio Bonaventura da Mola** (Bari), Sacerdote e Missionario Apostolico, Prov. Oss. di S. Nicola, Puglia. Vittima della peste nel compimento del suo Ministero, Martire di Carità. Sei anni di servizio. † 1735

In Egra, Boemia, il servo di Dio **Isidoro Dorsch**, Sacerdote, Prov. di Boemia. Religioso esemplarissimo, virtuoso e santo, esattissimo nel disimpegno dei doveri religiosi fino allo scrupolo. Già missionario in Terra Santa, la sua memoria rimane in benedizione. † 1893

Nove Giugno

In Gerusalemme, la **Serva di Dio Paolina dei Marchesi Nicolay**, vergine del Terz'Ordine, munificentissima benefattrice dei Santuari di Emmaus, Betania e Cana, la quale ricca di meriti e virtù si riposò nel Signore. I suoi resti mortali, trovati incorrotti, dal cimitero sul Monte Sion furono traslati nella Basilica di Emmaus. † 1868

A Milano, nel Convento di Sant'Angelo, il servo di Dio **Celestino Tieffen da Milano**, Sacerdote e Confessore della Prov. Oss. Milanese. Esimio dottore in Sacra Teologia, fu chiamato ad assumere le più alte responsabilità nella Provincia e nell'Ordine e tutto compì con destrezza e santità. Fu il glorioso istitutore e difensore in Roma del Collegio per le Missioni di San Bartolomeo nell'Isola Tiberina, dove si formarono numerosi Missionari e Custodi di Terra Santa. †1728

Dieci Giugno

In Gerusalemme, il **Servo di Dio Custode degli Angeli**, Sacerdote, Missionario Apostolico e Parroco, Prov. Alcant. di S. Gabriele in Spagna. Mentre come "esposto" amministrava i Sacramenti ai suoi fedeli afflitti dalla peste ne contrasse il morbo, morendo Martire di carità. Dodici anni di servizio. † 1732

Undici Giugno

In Nazaret, il **Servo di Dio Francesco Bernardino Scotti da Saluzzo**, Sacerdote, Missionario e Predicatore, Prov. Oss. di S. Tommaso in Piemonte. Martire di carità al servizio degli appestati. Quattro anni di servizio † 1735

In Latachia, il **Servo di Dio Bernardino da Introdaqua** (L'Aquila), Sacerdote, Missionario e attuale Superiore, Prov. Oss. di S. Bernardino, Abruzzo. Servendo i fedeli in tempo di peste soccombette per lo stesso morbo, Martire di carità. † 1760

Tredici Giugno

In Padova, Arcella, **S. Antonio da Lisbona**, detto comunemente **di Padova**, Sacerdote e Confessore, celeberrimo per santità di vita, predicazione e prodigi, che da Gregorio IX per la moltitudine dei miracoli fu canonizzato dieci mesi dopo il pio transito. Dopo vari secoli di continua e straordinaria protezione fu proclamato solennemente Patrono della Santa Custodia dal Papa Benedetto XV il 28 Luglio 1920 e dichiarato Dottore della Chiesa Universale dal Papa Pio XII il 16 Gennaio 1946 col titolo di " Doctor evangelicus". † 1231

In Morrovalle, Marche, il beato **Giorgio Albanese**, Laico e Confessore, religioso di grande orazione e contemplazione, devotissimo della Beata Vergine Maria. Visitò a lungo e con edificazione di tutti i Luoghi Santi della Redenzione e, dopo sua morte, Dio ne rese glorioso con prodigi il sepolcro. † c. 1500

Quattordici Giugno

In Gerusalemme, il **Servo di Dio Agostino da Montefortino** (Artena), Sacerdote, Missionario e Parroco, Prov. Rif. Romana. Servendo come "esposto" i fedeli infetti dalla peste, fu contagiato dallo stesso morbo e chiuse la sua esistenza come Martire di carità. 17 anni di servizio. † 1711

In Sidone, Libano, il servo di Dio **Claudio Gavazzi da Lodi**, Sacerdote, Prov. di Milano, Guardiano del Monte Sion, Custode di Terra Santa. Da tutti considerato religioso santo, dotto, generoso di cuore, tenero con i poveri, umile ed amantissimo della Serafica povertà. Morì durante il viaggio verso Costantinopoli, che aveva intrapreso per la difesa dei diritti sui Luoghi Santi. Ai funerali molti gli strapparono pezzi di abito come reliquie. † 1674

Quindici Giugno

In Aleppo, Siria, il **Servo di Dio Gilberto da Bres**, Sacerdote, Prov. Oss. della Grande Francia. Colpito dal contagio mentre come volontario amministrava i Sacramenti agli infermi di peste, lasciò questa vita coronando il suo ministero col Martirio di carità. † 1787

Sedici Giugno

In Roma, il servo di Dio **Edoardo Micheli da Gandino**, Sacerdote e Confessore. Mentre si recava a Gerusalemme, presso l'isola di Creta, fu catturato dai pirati e ridotto in schiavitù, dove con la parola e con l'esempio giovò alla salvezza di molti compagni di schiavitù. † 1631

Diciotto Giugno

In Alessandria d'Egitto, il **Servo di Dio Pietro da Ticino** (Pavia), Sacerdote, Missionario, Predicatore e attuale Presidente, Prov. Rif. di Pavia (S. Diego). Colpito dalla peste durante il suo Ministero, morì Martire di carità. Un anno di servizio. † 1671

In Betlemme, il **Servo di Dio Agostino da Èllera** (Savona), Laico e Missionario, Prov. Rif. di Genova (Liguria). Colpito dalla peste mentre vigilava "esposto" per il servizio del S. Presepio, morì Martire del dovere alla giovane età di ventisette anni. Due anni di servizio. † 1799

In Nicosia, Cipro, il **Servo di Dio Giovanni Gil**, Sacerdote, Missionario Apostolico e Parroco, Prov. Oss. dell'Immacolata Concezione in Spagna. Morto di peste nel servire i fedeli infetti dello stesso morbo, Martire di carità. Diciannove anni di servizio. † 1813.

In Gerusalemme, il **Servo di Dio Giuseppe da Viareggio**, Laico e Missionario, della Prov. Rif. Romana. Medico, contrasse la peste mentre curava un malato, Martire di Carità. † 1834

Diciannove Giugno

In Pesaro, Marche, la **Beata Michelina Metelli-Malatesta da Pesaro**, Vedova, Terziaria Francescana. Donna di vita penitente e pellegrina in Terra Santa, rifulse in vita e in morte per i miracoli. Il Papa Clemente XII ne approvò il culto tributatole "ab immemorabilis". † 1356

In Aix-le-Chapelle, il Servo di Dio **Pietro Fardé da Gand**, Laico e Confessore, Missionario in Terra Santa. Religioso di spiccate virtù eroiche nel servizio ai Santuari e di invitta costanza nella fede durante la schiavitù, nella quale cadde portando in Terra Santa le elemosine raccolte per la S. Custodia. Ritornato in Belgio fu nominato Commissario di Terra Santa. † 1691

Venti Giugno

In Rosetta, Egitto, il **Servo di Dio Antonio Carulli da Orsogna** (Chieti), Sacerdote e Missionario Apostolico, Prov. Oss. di S. Bernardino in Abruzzo. Morì di colera esercitando come volontario il Ministero verso gli infermi, offrendo così la sua giovane vita a trentanove anni, Martire di carità. Undici anni di servizio. † 1855

Ventuno Giugno

In Basilea, Svizzera, il **Beato Giacomo da Porta**, Confessore, che venne Missionario in Terra Santa nel 1344 e vi rimase per parecchi anni. Illustre per i miracoli. † 1356

Ventitre Giugno

In Aleppo, Siria, il **Servo di Dio Claudio da Campoloro** (Corso), Sacerdote, Missionario e Predicatore, Prov. Oss. della Corsica. Dopo avere, come volontario, amministrato per due mesi consecutivi i Sacramenti agli ammalati di peste, fu colpito dallo stesso morbo e morì, Martire di carità, a cinquantatre anni. † 1669

In Chiang Chow nello Shansi (Cina), il **Servo di Dio Giambattista Cortenova da Mandello Lario**, Sacerdote, già della Prov. di Candia, poi della Oss. Veneta. Già Missionario in Terra Santa, Vescovo titolare di Croia e Vicario Apostolico dello Shensi e Shansi. Sopportò pazientemente prigionia e gravi calunnie per le quali fu allontanato dalla sua sede ma, riconosciuto innocente, potè tornarvi qualche anno prima della sua morte. Morì in fama di santità. † 1806

Ventiquattro Giugno

In Armalek, città dei Tartari, passione dei **Beati Riccardo di Borgogna**, Vescovo Francescano della città e Martire, **Francesco d'Alessandria** (Piemonte), **Pasquale da Vittoria** (Spagna), **Raimondo Ruffini**, Sacerdoti e Martiri, **Lorenzo d'Alessandria** (Piemonte), **Pietro Martelli**, Laici e Martiri, **Giovanni Nero** (India), Laico Terziario Oblato e Martire, i quali tutti per la confessione della nostra fede da principio furono incatenati e feriti a colpi di spada ed infine vennero dai Saraceni barbaramente trucidati, conseguendo così la palma del Martirio per Gesù Cristo. † 1340

In Larnaca, Cipro, il servo di Dio **Ignazio da Monte di Malo**, Sacerdote e Missionario, Prov. Veneta, religioso di grandi virtù. † 1686

In Gerusalemme, il servo di Dio **Francesco Romero**, Laico e Missionario, Prov. Alcant. di S. Giovanni Battista, Valencia (Spagna). Religioso esemplare, per trentotto anni servì la S. Custodia lasciando buon esempio. † 1725

Venticinque Giugno

A Giaffa, S. Pietro, il **Servo di Dio Giovanni dalla Concezione**, Sacerdote, Missionario Apostolico e attuale Parroco, Prov. Alcant. di S. Giovanni Battista in Valencia (Spagna). Colpito dalla peste mentre amministrava i Sacramenti ai suoi fedeli sofferenti con lo stesso male, morì Martire di carità. Dodici anni di servizio. † 1813

In Gerusalemme, la **Serva di Dio Maria della Trinità (Louisa Jaques)**, Vergine e Monaca professa del Secondo Ordine, religiosa insigne per virtù, carismi, santità di vita e miracoli. Fu favorita da Dio con allocuzioni interiori che, scritte per ordine del Confessore e debitamente pubblicate, sono fino ad oggi una scuola di santità per la vita cristiana e religiosa. † 1942

Ventisei Giugno

Persecuzione in Cipro e massacri da parte dei musulmani d'Egitto che sacrificarono in odio della fede cristiana i **Frati Minori, Anonimi** e Martiri, delle città di Pafo e Limassol e ne bruciarono i Conventi. † 1400 (giorno incerto)

Ventisette Giugno

In Gerusalemme, il **Servo di Dio Pietro Battista Gros**, Laico e Missionario, Prov. Recolletta di S. Bernardino in Francia. Spinto dalla carità, aiutava il Parroco nel servizio agli appestati fino a soccombere al contagio, Martire di Carità. Ventisette anni di servizio. † 1711

In Acri, il **Servo di Dio Innocenzo da Torre**, Sacerdote, Missionario Apostolico e Parroco, Prov. Oss. Romana. Dopo aver servito per tre mesi consecutivi gli infermi, colpito dalla medesima peste, morì Martire di carità. Tredici anni di servizio. † 1798

Presso Ismailia, sul Canale di Suez, il **Servo di Dio Pierbattista Pieroni da Colle di Compito**, Sacerdote e Missionario, Prov. di Toscana. Morì vittima di carità, annegando per salvare la vita ad un bambino che affogava nel lago. † 1892

In Pavia, il servo di Dio **Carlo Giacinto da Pavia**, Sacerdote della Prov. di S. Diego nell'Insubria, già Missionario in Terra Santa. Povero, umile e obbediente, dotato del dono delle curazioni, liberò dal demonio molti ossessi. Morì con fama di santità. † 1748

In Gerico, il servo di Dio **Ugo Janssen**, Laico e Missionario, Prov. di Olanda. Religioso di preghiera, lavoro e sacrificio, fu per trentanove anni in servizio nella S. Custodia. † 1960

Ventotto Giugno

A Limassol, Cipro, passione dei **Frati Minori** della città, **Anonimi** e Martiri, sacrificati a filo di spada nella persecuzione del Sultano Cheykh Mahmoud, fanatico musulmano. † c. 1415 (giorno incerto)

Ventinove Giugno

In Palma de Mallorca (Spagna), il **Beato Raimondo Lull**, Terziario Francescano e Martire. Insigne per la dottrina, gli scritti e per lo zelo nel propagare la fede cristiana in molte regioni Orientali. Molto anziano (80 anni) venne martirizzato a Bugia d'Algeria e accolto agonizzante da alcuni marinai cristiani spirò sulla nave in vista della Patria. Papa Pio X ne confermò il Culto e concesse in suo onore l'Ufficio e la S. Messa dei Martiri. † c. 1316

In Gerusalemme, il **Servo di Dio Francesco dalla Brianza**, Laico, Missionario e Conduttore di elemosine, della Prov. Oss. di Milano. "Esposto" per il servizio dei santuari durante la peste, morì dello stesso male. † 1711

In Giaffa, S. Pietro, il **Servo di Dio Giovanni Giuseppe Pedreira**, Sacerdote e Missionario Apostolico, Prov. Oss. di San Giacomo di Compostella (Spagna). Morì in tempo di peste esercitando il ministero sacerdotale, Martire di carità. Ventidue anni di servizio. † 1741

Trenta Giugno

A Limassol e Nicosia, Cipro, passione dei **Frati Minori**, **Anonimi** e Martiri, dei due Conventi, insieme con molti Cristiani, uccisi dalle soldatesche del Sultano Barsabay che avevano assaltato l'isola distruggendo e bruciando case, chiese e conventi. † c. 1426

Primo Luglio

In Betlemme, il **Servo di Dio Antonio Isa**, Sacerdote, Missionario Apostolico e Parroco, Prov. Oss. di Cantabria (Spagna). Mentre con grande zelo delle anime assisteva i suoi fedeli colpiti dalla peste, morì dello stesso morbo, Martire di carità. Nove anni di servizio. † 1841

In Guadalcanal, Spagna, il servo di Dio **Giovanni di Góngora da Carmona**, Sacerdote e Confessore. Pellegrinò in Terra Santa essendo sacerdote secolare e, preso l'Abito Francescano in Gerusalemme, al termine del pellegrinaggio si ascrisse alla Provincia degli Angeli in Spagna. Più volte rifiutò la dignità episcopale offertagli per la sua eminente dottrina e santità. Fu infine Ministro Provinciale e, pieno di meriti, lasciò questa vita. Dopo morto fu trovato vestito internamente con una cotta-cilicio di rame lunga fino alle ginocchia. † 1578

Tre Luglio

In Alessandria d'Egitto, il servo di Dio **Valentino Rezasco da Vernazza**, Sacerdote e Missionario, Prov. di Genova. Religioso adorno di grande zelo per le anime e a tutti caro per le sue virtù, fu il primo a recarsi a Damasco per informarsi sui massacri del 1860 e vi si stabilì poi col P. Enrico Collado da Titijacas. † 1881

Quattro Luglio

In Venezia, S. Francesco della Vigna, il servo di Dio **Felice Boldrin da Masi**, Laico, Religioso addetto per quaranta anni al Commissariato di Terra Santa in Venezia. Conduttore di elemosine si recò in Terra Santa per ben diciassette volte sopportando numerose sofferenze durante i viaggi, come quando dai Turchi fu derubato, percosso e abbandonato semivivo. † 1890

Cinque Luglio

In Gerusalemme, S. Monte Sion, transito del beato **Tommaso da Norcia**, Sacerdote e Confessore della Fede, Guardiano del Monte Sion, che dopo aver sofferto con altri confratelli trentotto mesi di duro carcere in Damasco, tornato al suo ministero, morì durante un'epidemia. † 1540

Sette Luglio

Nel Hunan meridionale, Cina, passione di **Sant'Antonino Fantosati da Santa Maria in Valle**, Prov. Serafica di S. Chiara, Missionario e vescovo titolare di Adraa e Vicario Apostolico di quella regione. Fu devoto pellegrino in Terra Santa e, al ritorno in Cina, mentre infieriva la persecuzione dei "Boxers", a Heng-Tciout-Fu, dopo inauditi supplizi conseguì la palma del Martirio. Fu canonizzato da Giovanni Paolo II nell'anno 2000. † 1900

In Fossano, Piemonte, il **Beato Oddino Barotti da Fossano** (Cuneo), Sacerdote, Parroco e Canonico, Terziario Francescano. Nel 1376 pellegrinò in Terra Santa dove soffrì maltrattamenti e prigionia. Tornato poi in patria, servendo gli appestati, dopo aver contratto lo stesso morbo, lasciò questa vita Martire di carità. † 1400

In Betlemme, il **Servo di Dio Angelo Giuseppe da Palermo**, Sacerdote, Missionario Apostolico e Parroco, Prov. Oss. di Val di Mazzara in Sicilia. Per cinque mesi "esposto" al contagio, nell'assistenza degli appestati, morì dello stesso morbo, Martire di carità. Sette anni di servizio. † 1732.

In Betlemme, il **Servo di Dio Nicola da Napoli**, Sacerdote e Missionario Apostolico, Prov. Oss. di Principato (Campania). Fu "esposto" come volontario alla peste e morì, Martire di carità, servendo i fedeli infetti da questo morbo. Otto anni di servizio. † 1742

Otto Luglio

In Venezia, il servo di Dio **Apollinare Bettarel da Fregona**, Sacerdote della Prov. Veneta di S. Francesco, Missionario nel Càttaro, collaboratore dell'*Opera Omnia* di S. Bonaventura in Quaracchi. Tornato in Provincia fu Commissario di Terra Santa, adoperandosi con somma cura alla propagazione dell'Opera Pia di Terra Santa. Sacerdote e religioso esemplare, si distinse per non comuni virtù, specialmente per assiduità al ministero della Confessione cui attese anche durante gli incarichi di studioso. † 1913

Nove Luglio

In Briel, Olanda, passione dei Martiri detti Gorcomiensi, undici dei quali erano Frati Minori, tra essi ricordiamo, **San Gerolamo da Weert**, Vicario del Convento e Martire, ultraottantenne, il quale fu per molti anni Missionario in Terra Santa. Per la difesa dell'autorità della Chiesa Cattolica e della Reale Presenza di Gesù Cristo nella SS. Eucaristia, presi dai Calvinisti, furono sottoposti a varie torture e tormenti e infine, sospesi alle corde e sventrati mentre soffocavano, consumarono il loro glorioso Martirio. Il Papa Pio IX, Terziario Francescano, li annoverò solennemente tra i Santi Martiri. † 1572

A Tai-Yuen-Fu (China) passione di **San Gregorio Grassi da Castellazzo Bórmida**, Vescovo titolare di Ortosia e Vicario Apostolico dello Shansi Settentrionale, Prov. Oss. di Bologna. Missionario e devoto pellegrino in Terra Santa, al ritorno in Cina, con molti compagni, per comando dell'empio tiranno Yusien, vicerè dello Shansi, in odio della nostra santa fede furono tumultuariamente trucidati dai "boxers". Fu canonizzato da Giovanni Paolo II nell'anno 2000. † 1900

Dieci Luglio

In Damasco, Siria, passione di **Otto Frati Minori** Martiri: i **Beati Emmanuele Ruiz**, Superiore, dellaProv. Scalza dell'Immacolata Concezione (Spagna), **Carmelo Bolta**, Prov. S. Francesco di Valencia (Spagna), **Enghelberto Kolland**, Prov. Rif. di S. Leopoldo in Tirolo, **Nicanore Ascanio**, **Nicola Maria Alberca y Torres**, **Pietro Soler**, Prov. di Castiglia (Spagna), Sacerdoti e Martiri, **Francesco Pinazzo d'Arpuentes** Prov. S. Francesco di Valenza (Spagna), e **Gian Giacomo Fernández**, Laici e Martiri, Provincia Oss. di S. Giacomo di Compostella (Spagna). Rifiutandosi, con tutta costanza, di rinnegare la fede in Cristo, furono trucidati dai musulmani Drusi. Con loro furono trucidati **Mooti, Raffaele e Francesco Massabki**, **Beati** e Martiri, Terziari francescani e collaboratori del Collegio di Damasco per l'insegnamento della lingua araba, fungendo anche da maestri nella scuola parrocchiale.Da Papa Pio XI furono solennemente Beatificati nel 1926. † 1860

Undici Luglio

A Giaffa, S. Pietro, il **Servo di Dio Baldassarre Martin**, Sacerdote e Missionario, Prov. Oss. dell'Immacolata Concezione in Spagna. Durante l'epidemia di peste, espostosi volontariamente al contagio per amministrare i Sacramenti agli infermi ne contrasse il morbo e morì Martire di carità. Sei anni di servizio. † 1741

In Rietberg, Westfalia, il servo di Dio **Alessio Kwasnik**, Laico e Missionario, Prov. di S. Croce (Sassonia). Religioso di preghiera, particolarmente devoto della B.V. Maria, zelante nella partecipazione alle celebrazioni liturgiche, pieno di carità verso gli altri, puntuale nell'obbedienza e fedele nei trentotto anni di servizio alla S. Custodia e ai suoi Santuari. † 1966

Dodici Luglio

A Gaza, passione del **Beato Giovanni da Napoli**, Diacono e Martire, squartato dai musulmani in odio della fede di Cristo. † 1370

In mare, al largo del Golfo di Adalia (Turchia), il servo di Dio **Alessandro Maria Montresor da Chievo**, Laico. Più volte Conduttore di elemosine in Terra Santa, morì sulla nave durante il viaggio di ritorno proveniente da Cipro e diretto verso Venezia. Il suo corpo fu gettato in mare. † 1790

Quattordici Luglio

In Damasco, Siria, passione dei **Servi di Dio Battista**, Spagnolo, Procuratore di Terra Santa, Sacerdote e Martire, e **Sette Confratelli Anonimi** e Martiri, i quali furono arrestati dai Turchi a Gerusalemme e deportati nelle carceri di Damasco sostenendo quivi molti travagli. A causa delle sofferenze subite e le malattie lasciarono questa vita da prigionieri per Cristo. Il beato Tommaso da Norcia (Umbria), Guardiano del Monte Sion, tornato in Gerusalemme, morì in seguito, dopo la prigionia. † dal 1537 al 1540 (giorno incerto)

In Ain Karem, S. Giovanni, il **Servo di Dio Gerolamo Maria da S. Giovanni Rotondo** (Foggia), Sacerdote e Missionario Apostolico del Collegio di S. Bartolomeo (Roma), Prov. Oss. di S. Angelo in Puglia. Lettore, Predicatore e Cooperatore Parrocchiale di S. Giovanni in Montana, colpito dalla peste bubbonica mentre amministrava i Sacramenti agli infetti soccombette allo stesso morbo, Martire di carità. Nove anni di servizio. † 1732

Quindici Luglio

In Gerusalemme, Solennità del **Santissimo Sepolcro di Nostro Signore Gesù Cristo**, che fin dall'inizio del XIV secolo, insieme con gli altri Santuari della Terra Santa, fu affidato dalla Divina Provvidenza e dalla Sede Apostolica alla custodia dell'Ordine dei Frati Minori.

Sedici Luglio

In Betlemme, il **Servo di Dio Cesare Ridolfi** da Ancona, Sacerdote, Missionario Apostolico e Vice Parroco, Prov. Oss. delle Marche. Mentre, in qualità di "esposto", amministrava i Sacramenti ai suoi parrocchiani infermi di peste, contagiato dallo stesso male, morì Martire di carità. Tre anni di servizio. † 1841

Diciassette Luglio

In Sidone, Libano, il **Servo di Dio Diego da Pomarico**, Laico e Martire, il quale pianse la sua caduta e la riparò pubblicamente, confessando da forte la fede Cristiana, che suggellò con il proprio sangue offrendo la testa al taglio della spada. † 1693 (giorno incerto)

A Madrid (Spagna), nel Convento di San Francesco il Grande, passione dei **Servi di Dio Benito Carrera** Sacerdote e Martire, già Missionario in Terra Santa, **Pietro Rebollo**, Laico e Martire, varie volte conduttore di elemosine a Terra Santa, ambedue della Prov. Oss. di Castilla e **Giuseppe Villajas**, Laico e Martire, già Missionario in Terra Santa, della Prov. Oss. della Concezione, incaricati del "Quarto de Jerusalén" (Commissariato Generale dei Luoghi Santi), uccisi crudelmente nell'assalto del convento con altri quarantacinque religiosi francescani in odio alla fede e alla vita consacrata. † 1834

In Gerusalemme, il servo di Dio **Gerolamo da Codogno**, Sacerdote e Missionario, Prov. Rif. di Milano, religioso di virtù esemplari e di santa vita. † 1702

Diciotto Luglio

In Cracovia, Polonia, **San Simone da Lypnica**, Sacerdote e Confessore, Prov. Oss. dell'Immacolata Concezione della B.M.V. in Polonia. Illustre per la vita integerrima, l'astinenza, la castità e la moltitudine dei miracoli. Fu per tre anni Missionario in Terra Santa. Morì, Martire di carità, nel servizio degli appestati. Papa Innocenzo XI ne confermò il culto e Benedetto XVI nell'anno 2007 lo canonizzò. † 1482

In Famagosta, Cipro, il beato **Andrea Grieff da Kortryk** (**Grifone da Courtray**), Delegato Apostolico, Confessore e Missionario. Religioso celebre per la dottrina e per lo zelo della povertà, condusse all'unità della Chiesa molti Fratelli Separati ed è chiamato l'Apostolo dei Maroniti. † 1475

In Betlemme, il **Servo di Dio Diego da Castelvetrano** (Trapani), Laico e Missionario, Prov. Rif. di Val Mazzara in Sicilia che mentre serviva gli appestati, consumato dal morbo, morì Martire di carità. † 1702

In Gerusalemme, il servo di Dio **Aurelio Briante da Buja**, Prov. Veneta, Arcivescovo titolare di Cirro, Missionario, per due volte Custode di Terra Santa. Geloso tutore della Regolare osservanza e Pastore zelantissimo, religioso esemplare ed austero fino alla morte. Servì in Custodia per sessant'anni. È sepolto nella Basilica dell'Agonia al Getsemani. † 1929

In Tabgha, S. Pietro, il servo di Dio **Fiorenzo Riconda**, Sacerdote e Missionario, Prov. del Piemonte, già missionario in Bolivia. Religioso di pietà, laborioso, umile, distaccato, pienamente disponibile all'obbedienza e zelante missionario fin dall'Ordinazione sacerdotale. † 1997

Diciannove Luglio

In Gerusalemme, il **Servo di Dio Placido Bertoglio da Varallo Sesia**, Sacerdote e Missionario, Prov. Rif. di Milano. Dopo avere svolto compiutamente il suo incarico presso i Re di Polonia e Germania per il Recupero dei Luoghi Santi, fu per diciotto anni continui Presidente dell'Ospizio di Damasco (Siria), ove strenuamente lavorò per la conversione degli infedeli. Chiamato a Gerusalemme per il servizio volontario agli infermi di peste, eroicamente si espose al morbo amministrando i Sacramenti e infine lo contrasse. Volò alla Gerusalemme celeste con la corona di Martire di carità alla veneranda età di 77 anni. Trentacinque anni di servizio. † 1670

In Terra Santa, il servo di Dio **Dionisio dei nobili Savorniano da Udine**, Sacerdote e Missionario, Teologo celebre, Guardiano del S. Monte Sion e Commissario Apostolico per la Terra Santa. Durante il suo governo fece riprendere la consuetudine della Processione solenne nella Domenica delle Palme contro le usurpazioni degli scismatici. † 1547

Venti Luglio

A Roma, il **Servo di Dio Leone XIII**, Papa, terziario francescano, solerte protettore dell'Ordine dei Frati Minori. Ebbe particolare cura della Custodia Francescana dei Luoghi Santi ed emise per i bisogni della Missione il Breve *Domini et Salvatoris nostri Iesu Cristi* (26-12-1887) per fomentare la colletta del Venerdì Santo a favore dei

Santuari. Per aiutare economicamente la Custodia istituì nel 1901 la decorazione papale chiamata "Croce del Pellegrino", affidando al solo Custode la prerogativa di insignirne i pellegrini benemeriti dei Luoghi Santi. Lasciò questa vita carico di anni, di meriti e di virtù. † 1903

Ventuno Luglio

In Gerusalemme, il Servo di Dio **Barnaba Sotiri**, Sacerdote e Missionario della Custodia di Terra Santa, che per circa quarant'anni insegnò filosofia e teologia, confermando con l'esempio quello che insegnava con la parola. † 1924

Ventidue Luglio

Nel mare, presso l'isola di Cipro, passione di Sei Francescani Spagnoli, che, dopo il servizio in Terra Santa, ritornavano in patria. Sono i **Servi di Dio Isidoro Baniuls**, zio del Beato Carmelo Bolta (vedi 10 Luglio), Prov. Oss. di Valencia, già Procuratore di Terra Santa, **Zaccaria Retamero**, Prov. di Madrid, Sacerdoti e Martiri, **Mattia Cebrian** e **Francesco Antich**, Prov. Oss. di Valencia, **Paolo González** ed **Alessandro Gómez**, Prov. dell'Immacolata Concezione, Laici e Martiri, i quali in odio dell'unità alla Chiesa Cattolica dai pirati Greci scismatici furono barbaramente uccisi e gettati in mare. † 1833

In Gerusalemme, la serva di Dio **Maddalena**, Vergine del Terz'Ordine, vissuta per quarantotto anni nella Santa Città in grande povertà ed astinenza, insigne per virtù e perfezione. † 1563

In Marsiglia (Francia), il servo di Dio **Evangelista da Gabbiano**, Sacerdote e Confessore, Prov. Rif. di Milano, già Ministro Provinciale, Commissario Generale della Famiglia Cismontana, Procuratore Generale per i Riformati e già Custode di Terra Santa, religioso esemplare e celebre per la stretta osservanza della Regola. † 1618

Ventitre Luglio

In Roma, **Santa Brigida di Svezia**, Vedova, appartenente al Terz'Ordine e fondatrice dell'Ordine del SS.mo Salvatore. Pellegrinò a lungo nei Santuari della nostra Redenzione e divulgò in Europa la devozione dei sette Gaudii e Dolori della B. V. Maria, chiamata poi "Corona di S. Brigida". † 1373

Ventiquattro Luglio

In Cuesta di Málaga, verso Estepa, Andalusia (Spagna), passione del **Servo di Dio Giuseppe Roig y Lorca**, Laico e Martire, Prov. di N.S. di Regla (Granada), già Missionario in Terra Santa, ucciso senza pietà dai marxisti in odio alla Fede e Vita Consacrata nonostante la veneranda vecchiaia. Ne è prossima la beatificazione. † 1936

In Aleppo, Siria, il **Servo di Dio Carlo Maria da Montefegatesi** (Lucca), Sacerdote e Missionario, Prov. Oss. Serafica. Fu colpito dalla peste dopo essersi esposto volontariamente al Ministero verso gli infetti da questo morbo e morì Martire di carità. Nove anni di servizio. † 1762

Venticinque Luglio

In Safed, Galilea, passione dei **Beati Giacomo da Le-Puy**, Sacerdote e Martire, **Geremia da Genova**, Laico e Martire, e **Sette Confratelli Anonimi**, **Servi di Dio** e Martiri, i quali furono dai Saraceni fieramente percossi, scorticati e infine decapitati, conseguendo così per la fede in Cristo un glorioso trionfo. † 1266

In Nazaret, il **Servo di Dio Giuseppe Brandés**, Sacerdote, Missionario, Predicatore e attuale Parroco, Prov. Oss. di Aragona (Spagna). Servendo volontariamente come "esposto" i fedeli in tempo di peste, contagiato dallo stesso morbo, morì Martire di carità. Due anni di servizio. † 1670

In Nazaret, il **Servo di Dio Giuseppe da Rabàth** (Notabile-Malta), Sacerdote, Missionario, Prov. Oss. di Val di Noto in Sicilia. Servì come Confessore (Penitenziere) di lingua Araba nella Parrocchia di Nazaret. Si dedicò alle opere di carità e al ministero sacerdotale, specialmente nella regione dei Drusi. Cadde contagiato dalla peste mentre amministrava i Sacramenti ai fedeli infetti dallo stesso morbo e morì coronando il suo apostolato col Martirio di carità. Un anno di servizio. † 1670

Ventisei Luglio

In Gerusalemme, il servo di Dio **Francesco da Laurino**, Sacerdote e Missionario, Prov. del Principato (Campania). Religioso esemplare, dopo aver servito la S. Custodia per diciotto anni come Direttore di Coro, morì in fama di santità nella festa di S. Anna, della quale era devotissimo. † 1655

A Ramleh, il servo di Dio **Pacifico da Valdagno**, Laico della Prov. Rif. Veneta, laborioso Collettore e Conduttore di elemosine in Terra Santa. Ammalatosi sulla nave che lo portava in Terra Santa sbarcò a Giaffa e raggiunto il Convento di Ramleh vi morì senza aver potuto visitare i Santuari. † 1776

In Gerusalemme, il servo di Dio **Francesco Trifone López**, Sacerdote e Missionario, Prov. di Castiglia, religioso esemplare ed egregio per il candore della vita. Durante l'incendio del Santo Sepolcro del 1810 mise in salvo con grande pericolo della propria vita la statua della B. Vergine Addolorata, che fino ad oggi si venera sul Calvario. Dopo cinquantatre anni di servizio nei Santuari si ammalò e, per non essere di peso ai confratelli che volevano vegliarlo, predisse il giorno e l'ora della propria morte, come poi avvenne. † 1857

Ventisette Luglio

In Gerusalemme, il servo di Dio **Luigi Monje**, Sacerdote e Missionario, Prov. di Granada, religioso esemplare, mite, caritatevole ed amabile con tutti. Missionario in Terra Santa per cinquantun anni, fu per lunghissimo tempo parroco zelante e sollecito superiore. † 1997

Ventotto Luglio

Nel Cairo, Egitto, il **Servo di Dio Alessandro dalla Puglia**, Laico e Martire dei Minori Cappuccini (già Scalzo). Assieme a P. Giovanni Zuase, dopo aver visitato i Luoghi Santi, per la predicazione della fede fu preso dai Turchi e sottoposto a vari crudeli tormenti, gettato infine nel fuoco e rimasto miracolosamente illeso, fu trafitto con le spade e lapidato. † 1552

In Napoli, S. Croce, la beata **Sancia di Mallorca**, regina delle Due Sicilie, munificentissima benefattrice dell'Ordine Serafico e della Custodia di Terra Santa, con la fondazione del Pio Legato e l'acquisto del S. Cenacolo, la costruzione del Convento ed il mantenimento a sue spese del personale religioso per il servizio dei Santuari, affidati dal Papa, dietro sua richiesta, al solo Ordine dei Frati Minori. Morì monaca del Secondo Ordine, nel quale entrò, prendendo il nome di Chiara, dopo essere rimasta vedova del consorte Re Roberto d'Anjou. † 1345

In Gerusalemme, il servo di Dio **Bruno Hebenstreit**, Sacerdote e Missionario, Prov. di S. Bernardino in Austria, già Commissario Generale di

Terra Santa in Vienna. Religioso esemplare e di preghiera, puntuale in ogni servizio e pieno di zelo caritativo per gli infermi. † 1990

VENTINOVE LUGLIO

IN ALEPPO, Siria, il servo di Dio **Paolo Boerkamp**, Sacerdote e Missionario, Prov. di Olanda, religioso esemplare, dotto e di non comune mansuetudine. † 1893

TRENTA LUGLIO

NEL CAIRO, Egitto, il **Servo di Dio Patrizio Duggan** da Waterford, Irlanda, Sacerdote e Missionario, Prov. Oss. di Toscana. Servendo i colerosi soccombette al contagio, Martire di carità, alla giovane età di trentanove anni. Due anni di servizio. † 1883

TRENTUNO LUGLIO

IN DALMAZIA, a Càttaro, il beato **Adamo da Durazzo**, Sacerdote e Confessore, già Missionario in Terra Santa, e finalmente Arcivescovo di Càttaro. Fu compagno del beato Antonio da Alessandria, Arcivescovo di Durazzo, e splendette per santità e miracoli. † 1363

IN BULACCO, Cairo (Egitto), il **Servo di Dio Raffaele Callus da La Valetta**, Sacerdote e Missionario, Custodia Oss. di Malta. Amministrando con tutta carità ed abnegazione i Santi Sacramenti ai suoi connazionali nel tempo in cui infieriva il morbo Asiatico, cadde Martire di carità e del ministero, contraendo lo stesso male e morendo alla ancor giovane età di quarantasei anni. Dieci anni di servizio. † 1883

Primo Agosto

Nel Cairo, Egitto, passione del **Beato Lavinio dalla Provenza**, Sacerdote e Martire, il quale, avendo predicato con grande costanza la fede cristiana in presenza del Sultano e avendo confutato con validi argomenti la credenza maomettana, fu condannato alla decapitazione conseguendo così la palma di un glorioso Martirio. † 1345

A Verona, S. Bernardino, il servo di Dio **Gaudenzio Saibanti da Verona**, Sacerdote e Missionario, già Guardiano di Monte Sion e Commissario di Terra Santa. Teologo insigne, per la sua pietà, dottrina e prudenza fu assai benemerito della sua Provincia e della Custodia di Terra Santa. † 1612

Due Agosto

In Egitto, il **Beato Damiano da Valencia**, Sacerdote e Martire, della provincia Scalza di S. Gabriele, il quale andò in Africa per predicarvi il Vangelo di Cristo e dopo esser rimasto illeso nel rogo in cui i Saraceni l'avevano gettato, trafitto con la spada, rese lo spirito a Dio con la lapidazione. † 1533

In Bassano Veneto, il servo di Dio **Nicolò Payi da Gand** (Francia), Sacerdote, pio pellegrino a Gerusalemme. Al ritorno si aggregò alla Prov. Rif. Veneta, dove per più anni esercitò l'ufficio di Maestro dei Novizi. Scrittore dell'Ordine, pubblicò un libro sull'orazione mentale. Si distinse per singolari virtù e morì in fama di santità. † 1669

In Napoli, nel Commissariato di Terra Santa, il servo di Dio **Pompilio da Stanazza**, Laico, Prov. dell'Abruzzo, religioso di grandi virtù, per molti anni Collettore di Terra Santa, otto volte, con grave rischio della propria vita condusse le elemosine in Custodia per via mare. † 1867

Tre Agosto

In Tripoli di Siria, Libano, passione di **molte Clarisse, Anonime** e Martiri che furono uccise dai Saraceni in odio della fede. Fra queste primeggia la **Beata Lucia**, loro Badessa, la quale, per salvare il tesoro della fede e della verginità resistette coraggiosamente alle lusinghe del tiranno Qalaùn e così, con la doppia corona della verginità e del martirio meritò di entrare alle nozze eterne dell'Agnello Immacolato. † 1289 (giorno incerto)

Quattro Agosto

In Montreal, Canada, il **Beato Federico Jansoone da Ghyvelde**, Sacerdote e Confessore, Prov. di S. Ludovico in Francia. Illustre per vita santa e perfetta, dopo esser stato nove anni missionario in Terra Santa esercitando l'ufficio di Vicario Custodiale, fu fondatore del Commissariato e per ventotto anni Commissario di Terra Santa nel Canada. Iniziò e promosse in quella nazione la Restaurazione dell'Ordine Serafico. In Terra Santa contribuì, fra l'altro, alla costruzione della chiesa di S. Caterina in Betlemme. Instancabile predicatore e fecondo scrittore di ascetica, fu beatificato nel 1988 dal Papa Giovanni Paolo II. † 1916

In Gerusalemme, SS.mo Sepolcro, il **Servo di Dio Domenico Varela**, Sacerdote e Missionario, Prov. di S. Giacomo di Compostella (Spagna), il quale morì di peste officiando nel medesimo Santuario. † 1813

Sei Agosto

In Larnaca, Cipro, il servo di Dio **Giovanni Battista da Pietrabruna**, Sacerdote e Missionario, Prov. di Genova, religioso dotato di scienza e preclare virtù. † 1670

Nella villa papale di Castelgandolfo, il Venerabile **Paolo VI**, Papa, Terziario Francescano, primo papa pellegrino in Terra Santa, insigne benefattore dei Santuari e della Custodia Francescana. † 1978

Sette Agosto

In Tripoli di Siria, Libano, il servo di Dio **Ambrogio Muño**, Laico e Missionario, per ben nove volte Conduttore delle elemosine dalla Spagna in Terra Santa. † 1726

Otto Agosto

A Gaza, il **Beato Guglielmo da Castellamare di Stabia**, Martire. Avendo pubblicamente predicato contro la credenza maomettana, fu dai musulmani orrendamente tagliato in due pezzi, conseguendo così il suo glorioso Martirio per Cristo. † 1364

In Betlemme, il **Servo di Dio Pietro Tommasević da Fojnica**, Laico e Missionario, Prov. Oss. di Bosnia. "Esposto", insieme con il parroco, a causa della peste, morì dello stesso male, Martire di Carità. † 1711

Nove Agosto

In Chelva (Valencia - Spagna), passione del **Servo di Dio Dionisio Boix Palanca** per anni Commissario di Terra Santa in Montevideo, Uruguay. Si unì volontariamente al gruppo dei suoi confratelli del Ritiro di Chelva, massacrati dai miliziani comunisti in odio della fede cristiana e della vita religiosa. † 1936

Dieci Agosto

In Gerusalemme, passione del **Servo di Dio Fortunato da Fano** (Marche), Laico e Martire, il quale, trovandosi in viaggio, venne assalito per strada dai musulmani, spogliato del suo abito e così gravemente percosso sul capo che poco dopo morì della morte preziosa dei santi. † 1862

In Nazaret, il **Servo di Dio Pietro Alexandre**, Laico e Missionario, Prov. Oss. di Parigi (Francia). Colpito dalla peste mentre curava i suoi confratelli infermi, morì dello stesso morbo, Martire di Carità fraterna. † 1670

In Nazaret, il servo di Dio **Nazzareno Geijerin Oglu** da Maraasc, Novizio Chierico, Custodia di Terra Santa. Religioso di vita esemplare, morì in odore di santità durante l'anno di noviziato, consumato dalla tubercolosi, dopo aver fatto la sua professione. Il Maestro dei novizi, P. Davide Novaretto lo ricordava con grande venerazione proponendolo spesso ad esempio. Quando, dopo più di dieci anni dalla morte, il suo corpo venne esumato, fu ritrovato intatto e ben riconoscibile, come depose ufficialmente lo stesso P. Davide presente alla traslazione. † 1881

In Gerusalemme, il servo di Dio **Romano Vass**, Laico e Missionario, Prov. di Slovacchia. Religioso esemplare, per cinquantasette anni servì fedelmente nei Santuari. Fu laborioso, paziente, amante del silenzio e della preghiera, obbediente e caritatevole all'estremo. † 1982

Undici Agosto

In Gerusalemme, il servo di Dio **Giovanni Marino**, Laico e Missionario, Prov. di Castiglia. Religioso esemplare, servì per quarantotto anni la S. Custodia con molte fatiche. † 1714

Dodici Agosto

In Larnaca, Cipro, il **Servo di Dio Andrea da Monsano** (Teramo), Sacerdote, Missionario Apostolico e attuale Parroco, Prov. Oss. delle Marche. Morto di peste mentre esercitava il Ministero sacerdotale, concludendo il suo apostolato col Martirio di carità. Quattro anni di servizio. † 1832

In Gerusalemme, il servo di Dio **Davide Farenzena d'Agordo**, Laico e Missionario, Prov. Veneta di S. Francesco. Religioso esemplarissimo e di scrupolosa diligenza nel disimpegno dei suoi uffici. Servì per ventun anni nei Luoghi Santi. † 1888

Tredici Agosto

In Gerusalemme, il **Servo di Dio Giovanni Pietro da Penango** (Alessandria - Piemonte), Sacerdote e Missionario Apostolico, Prov. di S. Diego in Insubria. Amministrando volontariamente i

Sacramenti agli infetti di peste, ne contrasse il morbo, Martire di Carità. Sette anni di servizio. † 1741

Quindici Agosto

In Milano, il **Beato Alberto Bertini da Sarteano**, Sacerdote e Confessore. Colonna dell'Osservanza, famoso per dottrina, santità di vita e miracoli, lavorò molto in Oriente per l'unione delle Chiese e per la Custodia dei Luoghi Santi. † 1450

In Gerusalemme, passione del **Servo di Dio Cosma Ruiz di S. Damiano**, Spagnolo, Laico e Martire, il quale, per l'intrepida confessione del Nome di Cristo fu dai Turchi prima schiaffeggiato e flagellato ed infine decapitato, meritando così di entrare vittorioso nel Cielo. † 1597

In Gerusalemme, il **Servo di Dio Diego López da Bazain**, indiano, pellegrino nei Luoghi Santi. Cristiano austero, penitente, uomo di orazione e carità, morì di peste servendo i Religiosi e i Pellegrini infermi nella Foresteria di San Salvatore. † 1670

Sedici Agosto

In Fuente del Fresno (Ciudad Real - Spagna), **il Beato Martino Lozano Tello**, Sacerdote e Martire, Prov. di Castilla. Licenziato in Sacra Scrittura, già studente nello Studio Biblico della Flagellazione in Gerusalemme. Ucciso in odio della fede dai marxisti, insieme con i confratelli. Fu beatificato nel 2007. † 1936

In Betlemme il **Servo di Dio Giuseppe Andrés**, Sacerdote e Missionario, Prov. Oss. di Catalogna (Spagna). Colpito dal pestifero contagio mentre era al servizio del Santuario della Natività, presso il S. Presepio, morì vittima e Martire del dovere a quarantotto anni d'età, due di servizio. † 1814

In Cave, Roma, il servo di Dio **Pierbattista Margutti**, Sacerdote e Missionario, Prov. Romana. Religioso esemplare, zelantissimo parroco di Knaie in Siria, convertì moltissimi alla fede cattolica e fu acerrimo difensore del gregge affidatogli nei ventinove anni del suo apostolato tra gli Armeni. † 1926

In Gerusalemme, il servo di Dio **Mario Ferretti da Colleamato**, Sacerdote e Missionario, Prov. Lauretana (Marche). Religioso buono e gioviale, fu per molti anni insegnante, con parole e opere, della gioventù serafica della Custodia. Cinquant'anni di servizio. † 1938

Diciassette Agosto

In Nicosia di Cipro, transito del servo di Dio **Antonio Rosales**, Sacerdote e Missionario della Prov. di Aragona (Spagna), il quale dopo sette giorni di febbre maligna moriva cantando inni e lodi a Gesù Crocifisso e alla Beata Vergine Maria. † 1720

Diciannove Agosto

In Gerusalemme, il **Servo di Dio Ludovico De Giovanni da Ospedaletto** (Avellino), Sacerdote e Missionario, Prov. Oss. di Terra del Lavoro (Campania). Celebre per santità e carità, si "espose" come volontario servendo i colpiti dalla peste nelle città di Ramleh e Betlemme. Durante il suo Ministero contrasse quel medesimo morbo e morì, Martire di carità, alla giovane età di quarantaquattro anni. † 1670

Venti Agosto

A Khirbet-el-Ghazal, Siria, sulla ferrovia fra Damasco e Haifa, passione del **Servo di Dio Leopardo Bellucci da Osimo** (Marche), Sacerdote e Missionario, il quale con altri Cristiani europei passeggeri fu ucciso a fucilate e impalato dai beduini musulmani che per rappresaglia avevano assaltato il treno sul quale viaggiavano. Terminò così con una barbara morte la sua vita terrena. † 1920

In Alessandretta, Siria, il servo di Dio **Lamberto Benoist**, Sacerdote e Missionario, Prov. di S. Andrea delle Fiandre, dotato di grande zelo religioso e missionario. † 1665

In Gerusalemme, il servo di Dio **Giovanni Ribera**, Laico e Missionario, Prov. Scalza di S. Pietro di Alcàntara. Fu per trentaquattro anni zelantissimo Procuratore Generale di Terra Santa. † 1795

Ventuno Agosto

Nel Cairo, Egitto, il servo di Dio **Anselmo da Mantova**, Sacerdote e Missionario, già confessore e consigliere di Vincenzo Gonzaga duca di Mantova. Si recò poi Missionario in Terra Santa, dove fu interprete di Diritto Canonico e Predicatore celebre. Diede esempio di straordinarie virtù religiose. † 1623

Ventidue Agosto

Presso l'isola di Cipro, passione di **Venticinque Frati Minori, Anonimi** e Martiri, che diretti in Terra Santa su una nave veneziana per restare al servizio dei Santuari, assaliti dalle soldatesche del Sultano Barsabay, non volendo rinnegare la Fede Cattolica furono sbarcati su un'isoletta, martirizzati insieme a molti pellegrini e i loro corpi bruciati. † 1426 (giorno incerto)

In Cairo, Egitto, il **Servo di Dio Ermenegildo Trezza da Ferentino**, Sacerdote, Missionario Apostolico, Guardiano e Parroco, Prov. Oss. Romana. Consumato e indebolito dal molto ministero durante l'infuriare del colera, fu contagiato dallo stesso morbo mentre serviva gli infermi e morì, Martire di carità, alla giovane età di quarantatre anni. Diciassette anni di servizio. † 1883

Ventitre Agosto

A Pont dels Albres, località di Benisoda (Valencia, Spagna), il **Servo di Dio Giovanni Battista Climent Gómez**, Laico e Martire, già per alcuni anni Collettore nel Commissariato di Terra Santa dell'Uruguay. Modello di religioso esemplare, aveva evitato di nascondersi per continuare a curare un confratello anziano infermo nell'ospedale. Venne così catturato da due miliziani comunisti e ucciso, divenendo Martire per la fede e la carità. † 1936

Ventiquattro Agosto

In Gerusalemme, memoria di un **Frate Minore Anonimo**, Laico e Martire, il quale fu indotto ad apostatare, ma dopo pochi giorni pentitosi della sua debolezza, con tutta libertà ed eroica fortezza confessò e predicò la fede cristiana alla presenza dei musulmani, dai quali fu subito sgozzato. † 1482

In Betlemme, il **Servo di Dio Giovanni Battista da Torino**, Laico e Missionario, Prov. Rif. di Torino. "Esposto" con il parroco, a motivo della peste, per il servizio del santuario, soccombette allo stesso male, Martire di Carità. † 1710

VENTICINQUE AGOSTO

A CARTAGINE, in Africa, **San Luigi IX**, Re di Francia, Confessore del Terz'Ordine, famoso per santità di vita e per miracoli. Morto durante la Crociata, le sue reliquie furono poi traslate a Parigi. Fece costruire a Giaffa il Santuario e Convento di S. Pietro Apostolo affidandolo ai Frati Minori, e lo stesso fece anche in altri luoghi. † 1270

IN MODENA, nell'Emilia, il beato **Gerardo Boccabadati da Modena**, Confessore, discepolo del Serafico Padre S. Francesco. Illustre per la sua predicazione, per le virtù e per i miracoli. Fu compagno del Beato Giovanni da Parma nell'ardua missione affidatagli da papa Innocenzo IV nelle contrade del Vicinio Oriente, cioè nel territorio della vasta missione della Provincia di Terra Santa. † 1251

IN GERUSALEMME, il **Servo di Dio Giuseppe da Malta**, Sacerdote e Missionario, Martire di carità al servizio degli appestati. † 1670

IN BETLEMME, il **Servo di Dio Emidio Banti da Fucecchio** (Firenze), Sacerdote e Missionario Apostolico, Prov. Oss. Toscana. Colpito da peste mentre come volontario amministrava i Sacramenti ai fedeli infermi, morì dello stesso morbo, Martire di carità. Sei anni di servizio. † 1832

IN MONTEFALCIANO, Puglia, il servo di Dio **Fedele da Montefalciano**, Laico, Prov. di S. Angelo in Puglia. Religioso esemplarissimo e di buona preparazione, era caro a Dio e agli uomini, già Missionario in Terra Santa. † 1894

Ventisei Agosto

In Betlemme, la **Beata Maria di Gesù Crocifisso** (**Mariam Bawardy**), Vergine, Monaca professa Carmelitana Scalza e Terziaria Francescana, fondatrice del Monastero di Gesù Bambino in Betlemme. Religiosa di grandi virtù, fu insignita col dono delle Stigmate, transverberazione del cuore, scrutazione dell'animo e spirito profetico. Beatificata dal Papa Giovanni Paolo II. † 1878

In Gerusalemme, il servo di Dio **Gabriele da Cortona**, Laico e Missionario, Prov. Serafica. Religioso esemplare, per trentun anni al servizio della S. Custodia, morì in fama di santità. † 1856

In Gerusalemme, il servo di Dio **Evaristo El-Hresi da Betlemme**, Sacerdote, Custodia di Terra Santa. Missionario Apostolico, Parroco zelante, religioso adorno di scienza e zelo per le anime. Fu famoso predicatore. † 1891

Ventotto Agosto

In Gerusalemme, il servo di Dio **Ambrogio da Sassano**, Laico e Missionario, Prov. del Principato (Napoli). Religioso di grandi virtù, servì i Luoghi Santi per trentanove anni e per trentacinque anni ininterrotti fu sacrestano nel S. Sepolcro di N.S. Gesù Cristo. † 1669

Ventinove Agosto

In Aleppo, Siria, il servo di Dio **Filippo Eddaie da Nazaret**, Sacerdote, Custodia di Terra Santa. Missionario di grande carità verso i parrocchiani malati e bisognosi. Fu religioso virtuoso e caro a tutti. † 1892

Trenta Agosto

In Betlemme, il **Servo di Dio Damaso da Cuneo**, Sacerdote e Missionario Apostolico, Prov. Oss. di S. Tommaso in Piemonte. Sostituendo come volontario il Parroco, morto per il servizio agli appestati, fu anch'egli colpito dal contagio mentre amministrava i Sacramenti agli infermi e lasciò questa vita, Martire di carità. Nove anni di servizio. † 1720

In Gerusalemme, il servo di Dio **Vincenzo Auñon**, Laico e Missionario, Prov. di Granada. Religioso di pietà, carità e grande amore ai Santuari. † 1970

Trentuno Agosto

In Nazaret, il **Venerabile Luigi Esparza**, Sacerdote e Missionario, Prov. Alcant. di S. Giovanni Battista di Valencia (Spagna). Per venire Missionario in Terra Santa da prete diocesano si fece Frate Minore a cinquantasette anni d'età e servì poi i Luoghi Santi per altri ventitre anni. Morì in veneranda vecchiaia e fama di santità in qualità di Guardiano del Convento di Nazaret. I suoi resti furono esumati e riportati in patria. † 1825

PRIMO SETTEMBRE

IN AREZZO, Toscana, il beato **Benedetto Sinigardi da Arezzo**, Sacerdote e Confessore, Compagno del Serafico Padre San Francesco, chiaro per santità di vita, spirito profetico e miracoli. Per ben sedici anni fu zelante Provinciale di Terra Santa ed in essa accettò all'Ordine Giovanni di Brienne, Imperatore d'Oriente, Re di Gerusalemme e amico di S. Francesco. † 1282 (giorno incerto)

IN CRETA, isola del Mediterraneo, passione di **Due Francescani Anonimi** e Martiri, i quali mentre dall'Italia erano diretti in Terra Santa come Visitanti per i Luoghi Santi, infermi per gli strapazzi del viaggio in nave, vennero trasbordati da una barca del luogo, ma l'equipaggio, formato da pescatori greci ortodossi di Candia, in odio alla fede Cattolica, li legò e li gettò nel mare e così affogarono per la nostra Santa Fede. † 1560

IN GERUSALEMME, il servo di Dio **Giovanni da Vicari**, Terziario Oblato, Prov. di Val Mazzara in Sicilia. Religioso di una semplicità straordinaria e di un amore singolarissimo verso Maria Santissima, fu per quattordici anni sacrestano nella Grotta del Getsemani. † 1899

Due Settembre

In Gerusalemme, il servo di Dio **Tommaso da Recanati**, Sacerdote e Missionario Apostolico, Prov. Oss. delle Marche, stimato teologo del Patriarca di Gerusalemme. † 1851

Tre Settembre

In Gerusalemme, il servo di Dio **Martino de Urreta**, Sacerdote e Missionario, Prov. di S. Antonio de las Charcas (Perù), religioso esemplare e di singolare perfezione. † 1683

Cinque Settembre

In Tauris, Persia, il **Beato Gentile Finiguerra da Matèlica** (Marche), Sacerdote e Martire, il quale, dopo aver lungamente faticato per la diffusione del Vangelo in Medio Oriente, fu ucciso dai Saraceni per la nostra Santa Fede. Il suo corpo fu trasportato a Venezia nella chiesa di S. Maria Gloriosa. Il Papa Pio VI concesse l'Ufficio e la Messa dei Martiri in suo onore. † 1340

In San Severino (Marche), il **Beato Pellegrino da Falerone**, Sacerdote e Confessore, discepolo del Nostro Serafico Padre S. Francesco. Illustre per famiglia, dottrina, umiltà, pietà e singolare amore verso Dio. Fu compagno del B. Egidio nel pellegrinaggio in Terra Santa nel 1215. † 1233

In Gerusalemme, la **Venerabile Maria delle Cinque Piaghe**, Terziaria Francescana, delle Indie Portoghesi, religiosa di vita esemplare e santa, Martire di carità nel servizio degli appestati, come attestato dal Custode e dal Confessore con documento firmato. † 1670

In Piacenza, il servo di Dio **Paolo Volpini da Piacenza**, Sacerdote e Missionario, Prov. Rif. di Bologna. Religioso di vita integerrima, animo mite e rassegnato nelle avversità. Fu Custode di Terra Santa. † 1774

Sette Settembre

In Hueva (Guadalajara), località La Galiana, passione del **Beato Felice Gómez Pinto**, Sacerdote e Martire, della Prov. di S. Gregorio Magno in Castiglia (Spagna), già Missionario in Terra Santa, ucciso barbaramente dai marxisti per la Fede e la Regalità di Cristo. † 1936

Otto Settembre

In Terra Santa, passione del **Beato Pacifico da Spoleto** (Umbria), Martire, ucciso dai Saraceni per la fede in Gesù Cristo. † 1402

A Betfage, sul Monte Oliveto, passione del servo di Dio **Biagio Grassi**, Laico, che mentre custodiva il Santuario fu barbaramente ucciso da musulmani all'età di settantacinque anni. † 1995

Nove Settembre

Nelle località di Nicosia e Famagosta, Cipro, passione di **molti Frati Minori, Anonimi** e Martiri, che nell'espugnazione dell'Isola, caduta in potere dei Turchi di Selim II, vennero barbaramente trucidati con molti Cristiani dalle orde musulmane in odio della fede cristiana. I pochi superstiti, tra i quali il Custode di Terra Santa, P. Gianfrancesco

Morganti d'Arzignano, Vicentino, furono venduti come schiavi a Chio. † 1570-71

In Gerusalemme, il **Servo di Dio Anselmo Rùskovic da Sabbioncello** (Ragusa), Sacerdote e Missionario, Prov. Oss. di Ragusa in Dalmazia. Religioso di grande pietà e ardente per lo zelo delle anime, offrì volontariamente la sua vita come "esposto" al servizio degli infermi di peste. Contagiato, incontrò Sorella Morte, Martire di carità, alla giovane età di quaranta anni. † 1670

Dieci Settembre

In Gerusalemme, il **Servo di Dio Damiano del Castello**, Laico e Missionario, Prov. di Cantabria. Morì di peste mentre per l'undicesima volta trasportava la colletta dalla Spagna. Ventiquattro anni di servizio. † 1710

In Gerusalemme, il servo di Dio **Mariano Farinelli**, Sacerdote e Missionario, della Prov. Romana, Per molti anni prestò un prezioso servizio nelle Comunità del S. Sepolcro e a Nazaret. Uomo di grandi virtù, specialmente carità, preghiera, laboriosità e pazienza, soprattutto negli ultimi anni, durante la grave infermità che lo portò alla tomba. † 2000

Undici Settembre

In Gerusalemme, il servo di Dio **Raimondo Glosa**, Laico e Missionario, Prov. di Catalogna. Religioso esemplare, servì in Custodia per quarantaquattro anni. † 1763

DODICI SETTEMBRE

In Gerusalemme, il **Servo di Dio Gerolamo da Padula** (Salerno), Sacerdote e Missionario, Prov. Rif. di S. Angelo nelle Puglie. Colpito dalla peste nell'assistere gli infetti, quasi moribondo, quando conobbe che un fratello (Anselmo Rùskovic) stava agonizzando con lo stesso male e che il P. Custode si lamentava della scarsità di sacerdoti immuni dalla peste per assisterlo, subito si alzò dal suo letto e assistette il Confratello infermo fino a che questi spirò. Infine egli stesso, dopo quattro giorni, lo seguì nel seno del Creatore, coronato col doppio Martirio di apostolato e di carità fraterna. † 1670

TREDICI SETTEMBRE

In Nicosia, Cipro, il servo di Dio **Giovanni Ximenes**, Sacerdote e Missionario, della Prov. di Cantabria. Religioso ornato di grandi virtù. † 1844

QUATTORDICI SETTEMBRE

In Gerusalemme, il servo di Dio **Maurizio da Epidauro**, Sacerdote e Missionario, Prov. della Bosnia-Argentina. Religioso ardente di grande devozione alla S. Croce, per ventidue anni consecutivi visse al servizio del SS.mo Sepolcro. Dotato di spirito profetico, predisse la morte del confratello Antonio del Buon Successo. † 1655

Sedici Settembre

In Gerusalemme, il **Servo di Dio Francesco Antonio da Ferrara**, Sacerdote, Missionario Apostolico, Prov. Rif. di Bologna. Servendo, come Vice Parroco, i fedeli sofferenti di peste ne contrasse il morbo, e morì Martire di carità. Cinque anni di servizio. † 1720

Diciassette Settembre

In Nicosia, Cipro, il beato **Enrico II di Lusignano**, Re e Confessore, famoso per la sua pietà, castità e le molte buone opere. Conservò la verginità nel matrimonio. Fattosi Frate Minore, visse santamente e dopo morte fu reso illustre da molti miracoli. Fu sepolto nell'antica chiesa francescana di Nicosia. † 1324

A Treviso, S. Maria del Gesù, il servo di Dio **Francesco da Venezia**, Sacerdote della Prov. Veneta e Missionario in Terra Santa. Inviato a Insbruch all'Arciduchessa del Tirolo per conto della Custodia, fu catturato in mare dai pirati. Condotto schiavo a Tripoli vi prestò assistenza spirituale ad altri cinquecento schiavi cristiani. Liberato con forte somma di denaro tornò in Provincia e da qui, con lettere, adempì la missione che gli era già stata affidata. Fu più volte Commissario di Terra Santa. † 1651

Diciotto Settembre

Presso Rodi, nel Mar Egeo, il beato **Francesco Trivulzio da Milano**, Sacerdote e Confessore. Famoso per la castità, che aveva conservato prima anche nel matrimonio, per la dottrina, la predicazione, la destrezza nel governo e l'ammirabile perfezione di vita. Compiuto il devoto pellegrinaggio in Terra Santa, durante il viaggio di ritorno in patria, se ne andò alla Gerusalemme Celeste. † 1494

In Gerusalemme, il **Servo di Dio Francesco López**, Laico e Missionario, Prov. di S. Maria degli Angeli (Spagna). Per venticinque anni zelantissimo medico, morì di peste nell'esercizio del suo ufficio, Martire di carità. † 1813

In Gerusalemme, il servo di Dio **Simone Biscaglino**, Laico e Missionario, Prov. di Cantabria, che in Terra Santa fu religioso esemplare. † 1656

Venti Settembre

In Gerusalemme, San Salvatore, il servo di Dio **Mauro Antonio dal Portogallo**, Laico. Si procurò licenza dalla S. Congregazione di Propaganda Fide per ricevere l'abito di S. Francesco e professare nel S. Sepolcro come figlio della S. Custodia. Pur essendo nato nobilissimo, lasciate tutte le ricchezze e comodità, passò la vita servendo nei Santuari di Terra Santa ed ivi morì santamente lasciando fama di ottimo religioso. † 1701

Ventuno Settembre

In Azuaga, (Spagna), passione del **Beato Giuseppe Azurmendi Larrínaga** da Durango (Spagna), Sacerdote e Martire, Prov. di Granada, già per molti anni Missionario in Terra Santa. Avendo rifiutato di dire parole ingiuriose e blasfeme contro Dio e gridando "Viva Cristo Re!", fu fucilato dai comunisti. Sepolto ancora vivente, avvolto in una coperta, coronò il suo Martirio. Beatificato nel 2007. † 1936

In Nazaret, il servo di Dio **Pietro Matteo de Lara Barnuevo**, Sacerdote e Missionario, Prov. di Granada.Giovane religioso adorno di esimie virtù e scienza. † 1671

In Tiberiade, il servo di Dio **Vendelino Hinterkeuser da Menden**, Laico e Missionario, della Custodia di Terra Santa. Esercitò per trentaquattro anni con competenza e dedizione l'ufficio di architetto. † 1921

Ventidue Settembre

In Azuaga (Spagna), passione dei **Beati Ludovico** (Luis) **Echevarría Gorostiaga** da Ceánuri e **Francesco Carlés**, Sacerdoti e Martiri, Prov. di Granada, ambedue già Missionari in Terra Santa per vari anni. Non volendo dire bestemmie contro Dio, ma gridando invece "Viva Cristo Re!", caddero vittime della ferocia ed empietà marxista. Beatificati nel 2007. † 1936

In Gerusalemme, il servo di Dio **Gerolamo da Legnano**, Laico e Missionario, Prov. di Milano, religioso esemplare. † 1656

Ventitre Settembre

In Gerusalemme, il servo di Dio **Lavinio Colleman da Hamme**, Laico e Missionario, Prov. di S. Giuseppe del Belgio. Religioso umile ed esemplare, paziente, modesto, caritatevole ed obbediente. Fu celebre, erudita e devota guida dei pellegrini e compose una "Guida di Terra Santa" molto apprezzata. † 1898

In Washington (USA) nel Commissariato di Terra Santa, il servo di Dio **Giovanni Dowd**, Laico e Missionario della Custodia di Terra Santa. Religioso di continua preghiera, laborioso, caritatevole e amante dei Santuari, amato e venerato dai confratelli per le sue virtù vissute con umiltà e semplicità. † 2003

Ventiquattro Settembre

In Nazaret, il **Servo di Dio Tommaso di S. Giovanni**, Sacerdote e Missionario, Prov. Oss. del Portogallo. Dotato di grande zelo per le anime e di singolare sapienza. Servendo come Parroco per quattro mesi gli ammalati di peste, contagiato dal medesimo male, morì nel corso del compimento del suo ministero, Martire di carità. Un anno di servizio. † 1671

Nell'isola di Cipro, il servo di Dio **Michele Acerbi da Bracca** (Bergamo), Sacerdote e Confessore della Prov. Milanese. Per venti anni lavorò strenuamente nelle missioni per la conversione degli infedeli e mentre faceva ritorno a Gerusalemme si addormentò nel Signore. † 1753

Ventisei Settembre

In Milano, il beato **Cristoforo Piccinelli da Varese**, Sacerdote e Confessore, Dottore egregio *In Utroque Jure*, Prov. Oss. di Milano. Risplendette per vita santa ed esemplare. Zelante propagatore della Regolare Osservanza, fu con S. Giovanni da Capistrano uno dei principali fondatori delle Provincie Osservanti di Austria, Boemia e Polonia. Dopo esser stato il primo Provinciale della Provincia Polacca venne come Missionario in Terra Santa e qui compilò il primo Codice giuridico-canonico della Custodia di Terra Santa (*Privilegiorum...*) che ancora si conserva. † 1491

Ventisette Settembre

Nella Siria, memoria di **due Frati, anonimi e Confessori**, le cui anime furono viste mentre erano portate in Cielo dalla Vergine Maria, accompagnata da molti Santi. Uno era del Convento di Antiochia e l'altro della Montagna Nera. † c. 1250

Ventotto Settembre

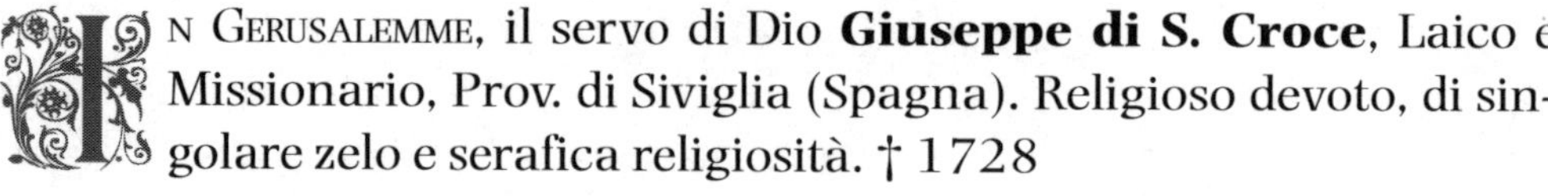

In Gerusalemme, il servo di Dio **Giuseppe di S. Croce**, Laico e Missionario, Prov. di Siviglia (Spagna). Religioso devoto, di singolare zelo e serafica religiosità. † 1728

Ventinove Settembre

In Gerusalemme, il servo di Dio **Luciano da Siracusa**, Laico e Missionario, Prov. di Val di Noto in Sicilia. Religioso pio ed esemplare, servì nella Custodia per trentacinque anni. † 1696

In Gerusalemme, San Salvatore, il servo di Dio **Barnaba Meistermann** (Barnabé d'Alsace), Sacerdote e Missionario Apostolico. Fu prima Penitenziere papale nella Basilica di Santa Maria degli Angeli in Assisi e Missionario Apostolico in Cina. In Terra Santa si dedicò all'apostolato e allo studio storico dei Santuari di Terra Santa componendo numerose pubblicazioni tra cui una Guida di Terra Santa tradotta in diverse lingue. Pieno di giorni e di virtù, lasciando buona memoria di sé si addormentò nel Signore. † 1923

Ottobre

Primo Ottobre

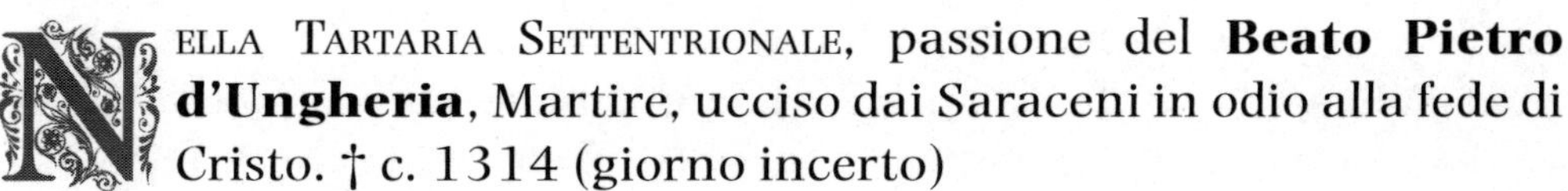

Nella Tartaria Settentrionale, passione del **Beato Pietro d'Ungheria**, Martire, ucciso dai Saraceni in odio alla fede di Cristo. † c. 1314 (giorno incerto)

Due Ottobre

In Gerusalemme, il servo di Dio **Salvatore Vannoti**, Sacerdote e Missionario, Prov. di Bologna. Religioso stimato e di buon esempio, fu Teologo, Predicatore e Segretario di Terra Santa. † 1656

Tre Ottobre

In Alessandria d'Egitto, il servo di Dio **Mansueto da Gelbio**, Sacerdote e Missionario, Prov. di Milano, religioso esemplare. † 1669

Quattro Ottobre

In Assisi, Umbria, il **nostro Serafico Padre San Francesco**, Diacono e Confessore, fondatore dell'Ordine dei Frati Minori. Nel 1217 fondò la Provincia di Terra Santa affidandola alla sollecitudine di Frate Elia, primo Provinciale. Visitò poi personalmente la Terra Santa nel 1219, sbarcando in Acri e soggiornando in Oriente con vari Compagni. † 1226

Sei Ottobre

Nel Convento della Verna (Toscana), il servo di Dio **Giuseppe Antonio Schalkhamler**, Sacerdote e Missionario, prov. di S. Leopoldo in Tirolo, per ventisette anni lettore di Sacra Scrittura nel Seminario di San Salvatore. Insegnò la dottrina con le parole, la virtù con l'esempio. † 1924

Sette Ottobre

In Ramleh, il servo di Dio **Antonio di Rosollon**, Laico e Missionario, Prov. di Mallorca (Spagna), religioso esemplare che lavorò nella S. Custodia per quarantasei anni con molta edificazione, zelo e carità. † 1718

In Gerusalemme, il servo di Dio **Bellarmino Bagatti** da Lari (Pistoia), Sacerdote e Missionario, Prov. Toscana. Uomo di chiara dottrina e santità di vita, religioso ricco di fede, speranza e carità, mite ed umile di cuore, pacifico e alieno da qualsiasi inimicizia o rancore. Nei cinquantacinque anni di vita missionaria passati in Custodia fu assiduo nel lavoro archeologico, nell'insegnamento e nel ministero pastorale. Era sempre pronto ad aiutare e a dare buon esempio, veramente "omnibus omnia factus". † 1990

Nove Ottobre

In Gerusalemme, il servo di Dio **Antonio del Buon Successo**, Laico e Missionario, Prov. Alcant. di S. Diego in Andalusia (Spagna). Religioso di grande fama di santità, essendo Procuratore di Terra Santa, morto resuscitò per sistemare i conti della Custodia, e poi si riposò nuovamente nel Signore. † 1655

Dieci Ottobre

In Gerusalemme, il servo di Dio **Ludovico da Benevento**, Laico e Missionario, Prov. di Ospedaletto (Napoli), religioso esemplare che servì la Custodia per quarantadue anni con grande edificazione. † 1699

In Gerusalemme, Ospizio Austriaco, il servo di Dio **Francesco Giuseppe Costa Major**, Sacerdote e Missionario, Prov. Veneta. Religioso di grandi virtù, caro a tutti per la sua generosa carità, umiltà, e amore per il decoro dei Santuari della S. Custodia. Fu venerato Elemosiniere dell'Imperatore d'Austria Francesco Giuseppe che, per la Terra Santa, gli concedeva ogni cosa richiesta! † 1892

Dodici Ottobre

In Aleppo, Siria, il **Servo di Dio Gabriele Corneille da Le Mans**, Sacerdote Missionario e Liturgista. Religioso di straordinaria penitenza ed orazione, Padre spirituale e socio del Venerabile Padre Quaresmi, Custode di Terra Santa. Per la sua virtù fu destinato parroco in Alessandretta di Siria, dove esercitò il suo ministero tra gli ammalati di peste. Ammalatosi egli stesso, Martire della sua carità, i confratelli lo trasportarono d'urgenza ad Aleppo ove morì. † 1627

Quattordici Ottobre

In Gerusalemme, il servo di Dio **Carlo Francesco Morandi da Milano**, Sacerdote e Confessore, della Prov. Osserv. di Milano, Missionario e Presidente Custodiale in Terra Santa. Commendevole per le sue virtù e per la strenua difesa dei diritti cattolici sui Luoghi Santi. † 1682

Quindici Ottobre

In Gerusalemme, il servo di Dio **Beniamino Diomede**, Sacerdote e Missionario, della Custodia di Terra Santa. Religioso esemplare e dotato di grande zelo per le anime, per molti anni venerando Maestro dei Novizi della medesima. † 1937

Sedici Ottobre

In Nazaret, il servo di Dio **Agostino Sevillano**, Sacerdote e Missionario, Prov. di San Giacomo di Compostella (Spagna). Religioso esemplare e dotato di grande zelo per le anime, morì durante la processione quotidiana alla S. Grotta dell'Annunciazione. La Beata Maria di Gesù Crocifisso lo considerava un santo. † 1893

Diciotto Ottobre

In Betlemme, il **Servo di Dio Nicola Cabañes**, Laico e Missionario, Prov. di Catalogna (Spagna). "Esposto" con il parroco per il servizio del santuario in tempo di peste, morì per lo stesso morbo. † 1710

Dicianove Ottobre

In Gerusalemme, San Salvatore, i servi di Dio **Luigi** Laico e Missionario, Prov. francese di S. Ludovico, e **Antonio**, i quali rifulsero di grandi virtù, uno nell'ufficio di ortolano l'altro di portinaio, servendo con grande zelo e pietà la Missione di Terra Santa. † 1619

Venti Ottobre

In Milano, S. Angelo, il servo di Dio **Francesco dei nobili Quaresmi da Lodi**, Sacerdote e Confessore, Prov. Oss. di Milano, Procuratore Generale dell'Ordine, Missionario Apostolico in Terra Santa, Presidente Custodiale, Vicario Patriarcale dei Maroniti. Insigne storico e descrittore della Palestina e dei Luoghi Santi, splendette per santità, per sublimi carismi e per i miracoli compiuti in vita e dopo morte. I suoi resti furono traslati nel sacello della cappella di S. Giovanni Battista nella chiesa francescana di S. Angelo in Milano, il suo cuore è invece conservato nella chiesa di S. Francesco in Lodi. † 1656

Ventidue Ottobre

In Gerusalemme, il servo di Dio **Giovanni Paolo Rossi da Pavia**, Sacerdote e Confessore, per trentatre anni Missionario Apostolico in Terra Santa. Le sue virtù eroiche, di obbedienza, povertà, umiltà, carità, osservanza, e grande operosità, insieme con la sua preziosa morte al cospetto del Signore, furono attestate dal Custode di Terra Santa. † 1766

VENTITRE OTTOBRE

PRESSO ILOK, nella Croazia, **San Giovanni da Capistrano**, Sacerdote e Confessore, assai famoso per dottrina e santità. Visitatore Apostolico in Terra Santa, vi riformò la Religiosa Famiglia lasciandovi solamente i Missionari della Regolare Osservanza. Il Sommo Pontefice ne confermò l'operato e fino ad oggi la Custodia dei Luoghi Santi è affidata all'Ordine dei Frati Minori. † 1456

IN ROSETTA, Egitto, il servo di Dio **Paolo di Pannonia**, Sacerdote e Missionario, Prov. della Bosnia Argentina.Religioso molto spirituale e vero figlio di S. Francesco, si distinse per santità della sua vita e per la stretta povertà. † 1702

VENTICINQUE OTTOBRE

IN TERRA SANTA, il beato **Adamo** francese, Sacerdote e Confessore. Missionario insigne per lo zelo nel propagare la fede Cattolica, aveva ricevuto all'Ordine il beato Lavinio e ne era stato compagno. † c. 1345

VENTISEI OTTOBRE

NEL SANTUARIO DI BETLEMME, il **Servo di Dio Liberato Angoletta da Gosaldo Bellunese**, Laico Terziario Oblato e Martire, il quale, mentre difendeva i diritti dei Cattolici alle celebrazioni sul Santo Presepio di N. S. Gesù Cristo, colpito a colpi di pistola da uno scismatico (Russo ortodosso), cadde vittima dell'odio alla Fede Cattolica. † 1893

IN GERUSALEMME, il servo di Dio **Giuseppe Montero**, Sacerdote e Missionario, Prov. San Giacomo di Compostella (Spagna), già Procuratore Generale di Terra Santa. Per quarantaquattro anni missionario, fu sacerdote zelante e religioso esemplare per pietà, carità ed altre virtù. † 1957

Ventisette Ottobre

In Gerusalemme, il servo di Dio **Giuseppe Serra**, Laico e Missionario, Prov. San Giacomo di Compostella (Spagna). Per quarantadue anni al servizio dei Luoghi Santi, fu da tutti considerato un santo religioso. † 1903

Trentuno Ottobre

In Rieti, Umbria, il **Beato Tommaso Bellacci da Firenze**, Laico e Confessore. Venne in Terra Santa con S. Giovanni da Capestrano e col B. Alberto da Sarteano ed altri frati e si recò poi nelle altre regioni d'Oriente. Dopo avervi molto patito per la fede di Cristo, a causa degli infedeli, tornò infine in patria dove, famoso per virtù e miracoli, si riposò in pace. † 1447

Novembre

Primo Novembre

In Gerusalemme, il servo di Dio **Agostino Tauro**, Laico e Missionario, della Custodia di Terra Santa. Religioso esemplare e assiduo custode del Deserto di S. Giovanni Battista (Ain Karem). † 1944

Due Novembre

Memoria di tutti i **Missionari Francescani**, che hanno servito nei Luoghi Santi, dei Commissari, dei Questuanti, dei Conduttori delle offerte e di tutti i Benefattori della Custodia di Terra Santa.

Tre Novembre

In Valencia (Spagna), nel Real Convento di San Francesco, il **Servo di Dio Pietro Esteve Puig**, Sacerdote e Confessore, Prov. Oss. di S. Francesco di Valencia (Spagna). Nominato con Breve dal Pontefice

Paolo V Predicatore Apostolico e Vice Commissario di Terra Santa, per più di quarant'anni predicò e raccolse elemosine per i Luoghi Santi. Fu religioso di singolare virtù, di grandissima penitenza, sublime orazione e scienza teologica. Ebbe anche il dono della profezia e dei miracoli. † 1658

In Perugia, S. Francesco del Monte, il servo di Dio **Giuseppe Maria da Perugia** detto **da Ripa**, Sacerdote e Missionario, Prov. Oss. Serafica, già Guardiano del Monte Sion e Custode di Terra Santa. Morì in fama di santità. † 1722

In Alessandria d'Egitto, il servo di Dio **Alfonso Maria da Lucca**, Sacerdote e Missionario, Prov. Romana, che visse sempre da buon religioso. † 1881

Quattro Novembre

Nel Cairo, S. Giuseppe, il servo di Dio **Francesco Cola da Roma**, Sacerdote e Missionario, Prov. Romana. Fu Missionario Apostolico in Terra Santa per ventisette anni, religioso esemplare ed esimio predicatore. † 1901

In Venezia, S. Francesco della Vigna, il servo di Dio **Giulio da Venezia**, Laico, Prov. Veneta di S. Antonio. Più volte Conduttore di elemosine in Terra Santa e Missionario, avendo prestato servizio come sacrestano e portinaio a Betlemme. Assai benemerito della Custodia per la sua molteplice attività, ebbe molto a soffrire da parte dei Turchi e dei Greci scismatici. † 1671

Cinque Novembre

In Gerusalemme, il servo di Dio **Bonaventura da S. Giorgio**, Sacerdote e Missionario, Prov. di Cosenza. Missionario Apostolico per ventitre anni, Parroco insigne per zelo delle anime, pazienza, misericordia e carità verso i poveri. Condusse alla Fede Cattolica con la parola e l'esempio moltissimi fratelli separati e anche non cristiani. † 1863

Sette Novembre

In Gerusalemme, passione di **due Frati Minori Cappuccini, Anonimi** e Martiri, che visitando i Luoghi Santi furono catturati dai Turchi, aspramente battuti con le verghe ed infine, trafitti con le frecce diedero la vita per Cristo conseguendo la palma del Martirio. † 1577

In Roma, il servo di Dio **Tommaso Obicini da Nònio,** detto **da Novara**, Sacerdote e Confessore. Come Custode di Terra Santa e Presidente del Sinodo Caldeo di Amed, fu fondatore nell'anno 1627 del Collegio Missionario di San Pietro in Montorio nella città di Roma e primo lettore di lingue orientali del medesimo Collegio, finché, pieno di meriti e di virtù, migrò al cielo. A lui si deve il riscatto dei santuari di Nazaret ed Ain Karem. Curò anche i processionali dei principali Luoghi Santi. † 1632

In Gerusalemme, il servo di Dio **Diego da Gabbiano**, Laico e Missionario, Prov. di Milano. Religioso esemplare, servì la S. Custodia per trentadue anni con molte fatiche ed edificazione. † 1735

In Gerusalemme, il servo di Dio **Bernardino Angiùli**, chierico della S. Custodia. Morì a soli diciotto anni di età lasciando buon ricordo di sé e un grande rimpianto. † 1933

A Haifa, il servo di Dio **Bernardino Cannone**, chierico suddiacono e figlio della S. Custodia, distintosi per virtù e innocenza. † 1934

Dodici Novembre

In Alcalá de Henares, transito al cielo di **S. Diego da S. Nicolás del Puerto** detto **di Alcalá**, Laico e Confessore. In sua venerata memoria si conservano a Gerusalemme due calici, uno d'oro e l'altro di metallo prezioso, donati dal Santo al SS.mo Sepolcro di N. S. Gesù Cristo mentre era Guardiano nelle isole Canarie. † 1463

Tredici Novembre

In Gerusalemme, il servo di Dio **Gioacchino Miñana da Palma**, Laico e Missionario, Collegio di S. Michele di Priego (Spagna). Religioso esemplare, dotato di una grande pazienza e pieno di carità verso tutti. † 1896

In Gerusalemme, il servo di Dio **Ilarione Nacuzi**, Laico, della Custodia di Terra Santa. Religioso esemplare, pieno di carità verso tutti, laborioso, affabile, sollecito ai bisogni dei confratelli e degli orfanelli. Caro agli umili e ai grandi, evangelicamente semplice e prudente nello stesso tempo. † 1936

In Roma, nel Collegio di Terra Santa, il servo di Dio **Placido Siman**, Laico e Missionario, Prov. di S. Salvatore (Slovacchia). Religioso esemplare, alla sua morte molti collegiali gli strapparono peli della barba come reliquia. † 1961

Quattordici Novembre

In Gerusalemme, passione dei **Santi Nicolò Tavelić da Sebenico**, **Deodato Aribert da Rodez**, Sacerdoti e Martiri, **Stefano Tornielli da Cuneo** e **Pietro da Narbonne**, Laici e Martiri, che vennero trucidati dai Saraceni per la predicazione del Vangelo di Cristo. Furono solennemente Canonizzati dal Papa Paolo VI il 21 Giugno 1970. † 1391

In Gerusalemme, il servo di Dio **Giuseppe da Lòvere**, Sacerdote e Missionario, Prov. di Brescia. Predicatore, sacerdote e religioso esemplarissimo, modesto, umile, devoto. Nell'agonia fece da sè stesso la raccomandazione della propria anima come dovesse morire un altro e, giovanissimo lasciò questa vita. † 1673

Quindici Novembre

In Gerusalemme, il servo di Dio **Antonio Rodríguez della Trasfigurazione**, Sacerdote e Missionario, Prov. Alcant. di S. Paolo della Vecchia Castiglia. Religioso e sacerdote esemplare, nei quarantacinque anni passati al servizio dei Luoghi Santi non si trovò nessuno che lo potesse biasimare in qualche cosa. Maestro e cultore di ogni virtù, dopo morto fu acclamato da tutti santo e molti ottennero pure miracoli. Si fece persino la fotografia della salma! † 1868

Sedici Novembre

In Gerusalemme, il servo di Dio **Domenico Lardizaval della Biscaglia**, Laico e Missionario, Prov. Ispalense (Sevilla - Spagna). Religioso di sode virtù, per quarantacinque anni Procuratore Generale di Terra Santa, ne dovette passare undici in Costantinopoli, presso la Sublime Porta, nel faticoso intento di recuperare alla Chiesa Cattolica i Luoghi Santi. † 1697

Diciassette Novembre

Sulla nave, presso l'isola di Cherso (in Dalmazia), il servo di Dio **Benigno da Brescia**, Sacerdote e Confessore, Prov. Rif. Veneta. Mentre era Missionario in Terra Santa fu mandato in Germania e Polonia con lo scopo di raccogliere offerte per i Santuari della S. Custodia. Fu poi Cappellano militare della flotta veneta nella guerra di Candia, nella quale morì. Si distinse per non comuni virtù. † 1645

Diciotto Novembre

In Anazarba, a sud di Sis, capitale del Regno Armeno di Cilicia, passione del **Beato Giovanni**, già Re **Aitone II** di Cilicia, Confessore e Martire, il quale, deposta la Corona, ricevette con grande pietà l'abito minoritico e, illustre per lo zelo della nostra Santa Fede, fu proditoriamente ucciso dai Tartari del tiranno Bilarghu. † 1308

In Gerusalemme, il servo di Dio **Angelo Cattani**, Laico e Missionario, Prov. di S. Leopoldo nel Tirolo. Religioso ornato di grandi virtù religiose e umane, esercitò l'ufficio di farmacista e per trentatre anni servì con carità e sollecitudine i religiosi della Custodia e gli abitanti della Santa Città. † 1890

Diciannove Novembre

In Damasco, Siria, passione dei **Servi di Dio Vincenzo da Stigliano**, Sacerdote e Martire, **Evangelista da Calvello** e **Giovanni da Viggiano**, Laici e Martiri, i quali, per la coraggiosa costanza nella professione della fede cattolica furono decapitati dai musulmani. † c. 1560 (giorno incerto)

In Larnaca, il servo di Dio **Pacifico Krengel**, Sacerdote e Missionario, Prov. di Colonia (Germania). Esimio predicatore, religioso povero ed osservantissimo della nostra santa Regola. † 1671

Venti Novembre

In Alessandria d'Egitto, il servo di Dio **Bonaventura Robotti da Solero**, Sacerdote e Missionario, Prov. Serafica, già Guardiano del S. Monte Sion. Acerrimo conservatore dei Luoghi Santi e difensore dei diritti sui Santuari della Chiesa Cattolica e della Custodia, Missionario in Terra Santa per trentun anni, religioso adorno di grandi virtù, visse da santo e da santo morì. † 1888

Ventidue Novembre

Presso Mugiuk-Deresì, nell'Armenia Minore, passione del **Beato Salvatore Lilli da Cappadocia** (Abruzzo), Sacerdote, Martire, Presidente e Parroco, con Sette Parrocchiani Armeni, **Beati** e Martiri: **Baldji Oghlou Ohannes, David Oghlou David, Dimbalac Oghlou Wartavar, Geremia Oghlou Boghos, Khodianin Oghlou Kadir, Kouradji Oghlou Tzeroum, Toros Oghlou David**. Tutti questi, nella persecuzione dei Turchi, catturati dai crudeli soldati e non volendo rinnegare la fede in Cristo, furono trafitti con scimitarre e baionette e, ancora vivi, cosparsi con petrolio e bruciati. Beatificati dal Papa Giovanni Paolo II nel 1982. † 1895

In Sidone, Libano, il servo di Dio **Crisostomo da Malta**, Sacerdote e Missionario, Prov. di Val di Noto in Sicilia. Religioso esemplare e spettabile per le grandi virtù . † 1670

Ventiquattro Novembre

In Gerusalemme, il **Servo di Dio Cristoforo Lodoi**, Laico e Missionario, Prov. di Granada (Spagna). "Esposto" nel servizio dei santuari in tempo di peste, morì contagiato da questo stesso male. † 1702

In Alessandria d'Egitto, il servo di Dio **Antonio Maria Pettenà da Tonezza** (Vicenza), Sacerdote e Missionario Apostolico, peritissimo nella lingua araba, più volte Guardiano, Presidente e Parroco. Nei suoi ventisette anni di servizio fu zelantissimo per la salute delle anime. † 1794

Venticinque Novembre

In Gerusalemme, il **Servo di Dio Giovanni Belín**, Laico e Missionario, Prov. Oss. di Valencia (Spagna). "Esposto" per il servizio agli infermi di peste, contagiato dal morbo, finì i suoi giorni Martire di carità. Quattro anni di servizio. † 1702

In Porto Said, Egitto, il **Servo di Dio Serafino Álvarez**, Sacerdote e Missionario, Prov. di San Giacomo di Compostella (Spagna). Religioso e sacerdote esemplare, servì la Custodia per quarantotto anni. Morì Martire di carità nel Lazzaretto locale, abbandonato da tutti, per aver amministrato i Sacramenti, mancando il parroco e il cappellano, a un giovane maltese colpito dal morbo asiatico. † 1942

Ventisei Novembre

In Medina del Campo, Spagna, la **Serva di Dio Isabella la Cattolica**, regina di Castiglia e Terziaria francescana, donna devota e grande benefattrice dei Luoghi Santi. † 1504

Ventotto Novembre

In Roma, nel Collegio S. Antonio, il **Servo di Dio Leonardo Maria Bello**, Sacerdote e Confessore, Ministro Generale dell'Ordine e devoto pellegrino in Terra Santa durante il suo governo. Religioso fedele, vero figlio di S. Francesco. † 1944

Ventinove Novembre

In Gerusalemme, il servo di Dio **Michelangelo da Fucecchio**, Laico e Missionario, Prov. Toscana. Religioso esemplare, servì la S. Custodia per cinquantasei anni con indefesse fatiche e lasciando buon esempio. † 1727

Trenta Novembre

 Gerusalemme, passione dei **Servi di Dio, Anonimi Protomartiri Francescani di Gerusalemme e Terra Santa**, uccisi dai Saraceni Quarismiani per la fede in Cristo. † 1244 (giorno incerto)

Dicembre

Primo Dicembre

In Cotignola (nei pressi di Ravenna), il **Beato Antonio Bonfadini da Ferrara**, Sacerdote e Confessore, Missionario in Terra Santa. Zelante predicatore, francescano di soda virtù e santità. Papa Leone XIII ne confermò il culto. † 1482

Due Dicembre

Nell'Armenia, passione del **Beato Giovanni Kador**, Armeno, Sacerdote e Martire, che per la confessione della Fede Cristiana fu bruciato. † 1382

Tre Dicembre

In Terra Santa, passione dei **Beati Corrado da Halles** e **Sette Compagni Anonimi** e Martiri, uccisi dai Saraceni per la fede in Cristo. † 1269

In Gerusalemme, il **Servo di Dio Reginaldo da Atene**, Sacerdote, Prov. della Basilicata, Missionario Apostolico e Parroco di Betlemme. Colpito dalla peste mentre esercitava il suo Ministero verso i fedeli parrocchiani afflitti da questo morbo, lasciò questa vita, Martire di carità. Cinque anni di servizio. † 1786

Quattro Dicembre

In Arsuf (nella Terra Santa), passione di **molti Francescani Anonimi** e Martiri, i quali, con numerosi altri Cristiani dal crudele Sultano Baibars furono trucidati con vario genere di supplizi. † 1263

Cinque Dicembre

In Gerusalemme, il **Servo di Dio Masseo da Valdagno**, Laico e Missionario, Prov. Rif. Veneta. Farmacista, morì di peste nell'esercizio del suo ufficio, Martire di carità. † 1681

In Gerusalemme, il servo di Dio **Pierbattista Nieto**, Laico e Missionario, Prov. di Granada. Religioso esemplare per orazione, lavoro, austerità di vita, povertà e silenzio. † 1961

Sei Dicembre

In Gerusalemme, il **Beato Giovanni da Mantova**, Laico e Martire, Prov. Oss. Veneta. Dopo aver per debolezza apostatato si pentì della sua colpa e per la confessione della vera Fede volontariamente offrì il sangue e la vita a Cristo e morì per opera dei Turchi. † 1557

In Avignone, il servo di Dio **Clemente VI**, Papa, pontefice di sollecitudine paterna per i Luoghi Santi che affidò all'Ordine Francescano con le Bolle del 1342. Fece di tutto affinché non mancasse niente ai missionari francescani della Custodia, che fornì anche di molti Privilegi spirituali e materiali. † 1352

Sette Dicembre

Presso Pisciotta, nel Salernitano, il beato **Francesco da Pisciotta**, Laico e Confessore, religioso di esimia santità. Morì in mare, tornando in patria dai Luoghi Santi, in un naufragio da lui stesso predetto. † 1520

In San Giacomo di Compostella, il servo di Dio **Emmanuele Trigo**, Sacerdote e Missionario, Prov. di San Giacomo di Compostella (Spagna), per trentasette anni eroico e zelante Missionario Apostolico in Armenia. Benemerito per la carità e amore verso i cristiani Armeni affidati alle sue cure, fu loro compagno nelle sofferenze e persecuzioni. Con grave pericolo della propria vita si recò di notte a Mugiuk-Deresì per confessare il B. Salvatore Lilli e fu l'ultimo a trattare col confratello prima del Martirio (Nov. 1895). † 1936

Undici Dicembre

In Gerusalemme, il servo di Dio **Marcellino Nobili**, Sacerdote e Missionario Apostolico in Armenia Minore, Prov. Oss. Serafica. Fu zelante Missionario e traduttore di libri spirituali in lingua turca. † 1913

Tredici Dicembre

In Salmastro, Persia, i **Beati Antonio d'Armenia** e **Aldobrandino Ammannati** da Firenze, Sacerdoti e Martiri, uccisi per la fede in Cristo. † 1284

In Ain Karem, S. Giovanni, il servo di Dio **Gioacchino Puig**, Laico e Missionario, Prov. Scalza di S. Giovanni Battista (Spagna), religioso di vita esemplare. † 1850

Sedici Dicembre

In Nazaret, passione di **alcuni Frati Minori Anonimi**, Martiri, che in odio della fede furono uccisi dai musulmani. † c. 1547

Diciotto Dicembre

In Porto Said, Egitto, il servo di Dio **Antonio Di Petrillo da Roccamonfina** (Caserta), Laico, Missionario della Custodia di Terra Santa. Religioso di vita esemplare, amato da tutti per la sua natura benigna. † 1893

In Palermo, il servo di Dio **Domenico Di Marco**, Sacerdote, Prov. di Sicilia. Per sessantaquattro anni servì la Custodia e fu a tutti noto per il grande zelo apostolico. † 1965

Venti Dicembre

In Gerusalemme, passione del **Beato Grifone Slavo**, Martire che fu ucciso per la fede dai musulmani. † 1480

Ventiquattro Dicembre

In Gerusalemme, il servo di Dio **Giuseppe Lorenzo da S. Giorgio di Furco**, Laico del Collegio di S. Giacomo di Compostella (Spagna). Religioso di orazione, di silenzio e di carità singolare. † 1893

Venticinque Dicembre

In Ain Karem, S. Giovanni, il **Servo di Dio Francesco della Concezione**, Sacerdote, Missionario e Parroco, Prov. Oss. del Portogallo. Colpito dalla peste perché, mentre amministrava la SS. Eucaristia ad un infermo di questo male, questi, nell'agonia, vomitò la S. Particola ed egli, per la sua grandissima venerazione e rispetto al SS. Sacramento, inghiottì la S. Particola vomitata. Meritò così, con la morte, la corona di Martire di carità e d'amore per Gesù Eucaristico. Nove anni di servizio. † 1720

In Gerusalemme, San Salvatore, il servo di Dio **Tommaso d'Irlanda**, Sacerdote, Prov. di Irlanda. Missionario e religioso esemplare, servì i Luoghi Santi per ventiquattro anni con grande edificazione, esemplarità e bontà. Passò alla vita eterna parlando come un angelo e facendo da se stesso la raccomandazione della propria anima. † 1718

Ventisei Dicembre

In Dongo (Como), nel Santuario di Santa Maria delle Lacrime, il servo di Dio **Stefano Ricci da Dongo**, Sacerdote e Confessore della Prov. Rif. milanese. Guardiano di Betlemme, intervenne presso il Re della Polonia per la difesa dei diritti cattolici nel Santo Presepio. Insigne per la pazienza e lo zelo per le anime. † 1638

Ventotto Dicembre

In Gerusalemme, S. Monte Sion, il beato **Ludovico di Barga**, Sacerdote e Confessore, uomo di non comune santità. † c. 1477

Ventinove Dicembre

In Betlemme, il **Servo di Dio Paolo Koll**, Laico e Missionario, Prov. di S. Ladislao in Austria. Mentre si trovava "esposto" per il servizio del S. Presepio, colpito dalla peste, consumò il suo Martirio, vittima del dovere. Tre anni di servizio. † 1741

In Gerusalemme, San Salvatore, il servo di Dio **Giovanni Andrés**, Prov. di Castiglia (Spagna). Buon religioso, per ventinove anni diede prova di vita esemplare. † 1700

Trenta Dicembre

In Terra Santa, passione del **Servo di Dio Bonaventura da Colonnella** (Teramo), Sacerdote e Martire. Per la predicazione della nostra Santa Fede fu catturato dai Turchi e gettato in carcere ove, per non aver apostatato la fede Cristiana durante le torture, conseguì la palma del Martirio. † 1609

In Gerusalemme, nell'infermeria di San Salvatore, il servo di Dio **Luca Domenico Capozi da Pofi**, Prov. Romana. Missionario Apostolico in Cina e nominato Arcivescovo Metropolita di Tai-Yuen, sopportò una lunga prigionia sotto il regime comunista di Mao. Fu espulso in condizioni pietose. Ripresosi, ottenne dal Papa Pio XII di venire Missionario in Terra Santa e per molti anni fu confessore nella Basilica di Nazaret e cappellano delle Suore Clarisse. Religioso di grande preghiera, umile, povero, generoso, amabile con tutti e di vita austera. Dopo una lunga malattia sopportata con fede si spense in pace, pieno di giorni. † 1991

In Gerusalemme, il servo di Dio **Serafino Ascolese**, Sacerdote, Custodia di Terra Santa. Religioso, sacerdote e missionario esemplare per preghiera, mitezza, semplicità, carità e zelo verso tutti. † 1998

Trentuno Dicembre

A Pesaro, nelle Marche, la **Beata Sira**, Terziaria francescana. Visse in Terra Santa sul Monte Sion con la Beata Michelina da Pesaro nell'ospizio per i pellegrini retto dalle Terziarie, e fu tenuta in grande concetto di santità. † c. 1356

In Gerusalemme, il servo di Dio **Francesco Galan**, Laico, Prov. Oss. di S. Michele di Extremadura (Spagna). Vero religioso e realmente di vita edificante, specialmente nel servizio al S. Calvario e SS.mo Sepolcro di N. S. Gesù Cristo. † 1797

In Gerusalemme, San Salvatore, il servo di Dio **Giovanni Maria Briand**, Sacerdote e Missionario, Prov. di Bretagna (Francia). Religioso prudente, di preghiera e carità, sacerdote zelante e ricercato Direttore Spirituale. Fu più volte Vicario di Terra Santa. † 1994

Indice alfabetico

Adamo (b.) da Durazzo, Vesc., † 1363, 31 Lug.
Adamo (b.), † 1345, 25 Ott. (a. inc.)
Adriano (Ven.) Osmolowsky da Antonowka, † 1924, 9 Apr.
Agostino Bouynot, † 1917, 4 Gen.
Agostino (SdD) da Ellera, MdC, † 1799, 18 Giu.
Agostino Hitan, † 1797, 15 Mar.
Agostino (SdD) da Montefortino, MdC, † 1711, 14 Giu.
Agostino Sevillano, † 1893, 16 Ott.
Agostino Tauro, † 1944, 1 Nov.
Alberto (SdD) Amarisse da Cave, M., † 1920, 23 Gen.
Alberto (B.) Bertini da Sarteano, † 1450, 15 Ago.
Aldobrandino (B.) Ammannati, M., † 1284, 13 Dic.
Alessandro (SdD) Gómez, M., † 1833, 22 Lug.
Alessandro (SdD) dalla Puglia, M., † 1552, 28 Lug.
Alessandro Maria Montresor da Chievo, Condutt., † 1790, 12 Lug.
Alessio Kwasnik, † 1966, 11 Lug.
Alfonso Maria da Lucca, † 1881, 3 Nov.
Alfredo (SdD) Dollentz da Magy, M., † 1920, 23 Gen.
Ambrogio Muño, Condutt., † 1726, 7 Ago.
Ambrogio da Sassano, † 1669, 28 Ago.
Amedeo Ceccarelli, † 1971, 30 Mar.
Andrea (b.) Grieff da Kortryk (Grifone da Courtray), † 1475, 18 Lug.
Andrea (SdD) da Monsano, MdC, † 1832, 12 Ago.
Andrea (SdD) da Sanfrè, MdC, † 1732, 19 Mar.
Andrea Carlo (B.) Ferrari, Card., Pellegr., III Ord., † 1921, 2 Feb.
Angela (S.) Merici, V. III Ord., Pellegr., † 1540, 27 Gen.
Angelo Cattani, † 1890, 18 Nov.
Angelo Costés da Portella, † 1869, 29 Apr.
Angelo Fanti da Monzuno, † 1892, 26 Feb.
Angelo (B.) da Spoleto, M., † 1314, 2 Apr.
Angelo Giuseppe (SdD) da Palermo, MdC, † 1732, 7 Lug.
Annibale (SdD) Oreglia da Bene, MdC, † 1835, 13 Mag.
Anonime, 74 Clarisse (Acri), II Ord., M.M., † 1291, 18 Mag.
Anonime Clarisse (Tripoli), II Ord., M.M., † 1289, 3 Ago. (g. inc.)
Anonimi, 14 Frati Minori (Acri), M.M., † 1291, 18 Mag.
Anonimi Frati Minori (Arsuf), M.M., † 1263, 4 Dic.

Anonimi Frati Minori (Cipro), M.M., † 1400, 26 Giu. (g. inc.)
Anonimi Frati Minori (Cipro), M.M., † 1415, 28 Giu. (g. inc.)
Anonimi Frati Minori (Cipro), M.M., † 1426, 30 Giu. (a. inc.)
Anonimi Frati Minori (Cipro), M.M., † 1570/1571, 9 Set.
Anonimi, 25 Frati Minori (Cipro), M.M., † 1426, 22 Ago. (g. inc.)
Anonimi, 2 Frati Minori (Creta), † 1560, 1 Set.
Anonimi, 7 Frati Minori (Damasco), M.M., † 1537/1540, 14 Lug. (g. inc.)
Anonimi, 16 Frati Minori (Damasco), M.M., † 1365/1370, 16 Feb. (g. inc.)
Anonimi Frati Minori (Egitto), M.M., † 1446, 21 Mag. (g. inc.)
Anonimi Frati Minori (Gerusalemme), M.M., † 1520, 21 Feb. (g. inc.)
Anonimi Frati Minori (Gerusalemme), M.M., † 1446, 21 Mag. (g. inc.)
Anonimi Frati Minori (Montagna Nera), M.M., † 1268, 18 Mag.
Anonimi Frati Minori (Nazaret), M.M., † 1547, 16 Dic. (a. inc.)
Anonimi, 7 Frati Minori (Safed), M.M., † 1266, 25 Lug.
Anonimi, 2 Frati Minori (Siria), † 1250, 27 Set. (a. inc.)
Anonimi Frati Minori (Terra Santa), M.M., † 1269, 3 Dic.
Anonimi Frati Minori col loro Superiore (Tripoli), M.M., † 1289, 26 Apr.
Anonimi, 2 Frati Minori Cappuccini, M.M., † 1577, 7 Nov.
Anonimi (SdD) Protomartiri di Gerusalemme e Terra Santa, † 1244, 30 Nov. (g. inc.)
Anonimo Frate Minore (Gerusalemme), M., † 1482, 24 Ago.
Anonimo Frate Minore (Roma), † 1500, 6 Gen. (g. inc.)
Anonimo Superiore (Acri), M., † 1799, 16 Mar.
Anselmo da Mantova, † 1524, 12 Feb.
Anselmo (SdD) da Mantova, † 1623, 21 Ago.
Anselmo (SdD) Ruskovic, MdC, † 1670, 9 Set.
Antonino (S.) Fantosati da Santa Maria in Valle, Vesc., Pellegr., M., † 1900, 7 Lug.
Antonino (SdD) da Rabath, MdC, † 1718, 6 Mag.
Antonio, † 1619, 19 Ott.
Antonio (B.) d'Alessandria (Piemonte), † 1363, 15 Mar.
Antonio (B.) d'Armenia, M., † 1284, 13 Dic.
Antonio (SdD) da Badolato, MdC, † 1719, 30 Mag.
Antonio (SdD) Boadó, MdC, † 1792, 18 Feb.
Antonio (B.) Bonfadini da Ferrara, † 1482, 1 Dic.
Antonio del Buon Successo, Proc. T.S., † 1655, 9 Ott.
Antonio (B.) Cantoni da Milano, M., † 1314, 15 Mar.
Antonio (SdD) Carulli da Orsogna, MdC, † 1855, 20 Giu.
Antonio (SdD) da Corpolò, MdC, † 1796, 22 Apr.
Antonio Di Petrillo da Roccamonfina, † 1893, 18 Dic.
Antonio (SdD) Isa, MdC, † 1841, 1 Lug.
Antonio (S.) da Lisbona [detto di Padova], Dott. della Chiesa, Patr. Cust. T.S., † 1231, 13 Giu.
Antonio (SdD) da Pescaglia, MdC, † 1786, 27 Mar.
Antonio (SdD) da Pescopagano, M., † 1648, 25 Mar.
Antonio Rodríguez della Trasfigurazione, † 1868, 15 Nov.
Antonio Rosales, † 1720, 17 Ago.
Antonio (B.) da Rosate Milanese, M., † 1369, 24 Feb.
Antonio di Rosollon, † 1718, 7 Ott.

Antonio Maria Pettenà da Tonezza, † 1794, 24 Nov.
Apollinare Bettarel da Fregona, Comm. T.S., † 1913, 8 Lug.
Aquilino da Staffolo, † 1890, 22 Gen.
Arcangelo (SdD) da Orsara, MdC, † 1731, 27 Mag.
Arcangelo Rocchetti da Montefano, † 1892, 12 Mar.
Aurelio Briante da Buja, Vesc., Cust. T.S., † 1929, 18 Lug.
Baldassarre (SdD) Martin, MdC, † 1741, 11 Lug.
Baldji (B.) Oghlou Ohannes, M., † 1895, 22 Nov.
Barbaro (B.) d'Assisi, † 1229, 14 Mag.
Barnaba Meistermann (Barnabé d'Alsace), † 1923, 29 Set.
Barnaba Sotiri, † 1924, 21 Lug.
Bartolomeo (B.) Lippi da Colle, † 1478, 15 Mar.
Battista (SdD), Proc. T.S., M., † 1537/1540, 14 Lug. (g. inc.)
Beato (SdD) Cassotti da Berbenno, MdC, † 1787, 9 Mag.
Bellarmino Bagatti, † 1990, 7 Ott.
Benedetto (SdD) da Bassano Veneto, M., † 1640, 14 Gen.
Benedetto (SdD) Paris, MdC, † 1801, 27 Apr.
Benedetto (b.) Sinigardi da Arezzo, † 1282, 1 Set. (a. inc.)
Beniamino Diomede, † 1937, 15 Ott.
Benigno da Brescia, † 1645, 17 Nov.
Benigno Dasrenzi da Oliveto, † 1893, 3 Giu.
Benito (SdD) Carrera, M., † 1834, 17 Lug.
Berardo (SdD) Coreau, MdC, † 1686, 26 Mag.
Berardo (SdD) Dapin, MdC, † 1647, 27 Apr.
Bernardino Angiuli, † 1933, 7 Nov.
Bernardino (Ven.) Caimi da Milano, † 1500, 9 Feb.
Bernardino Cannone, † 1934, 7 Nov.
Bernardino (Ven.) Dal Vago da Portogruaro, Vesc., Min. Gen. O.F.M., † 1895, 7 Mag.
Bernardino (SdD) da Introdaqua, MdC, † 1760, 11 Giu.
Bernardino Trionfetti da Montefranco, Cust. T.S., Min. Gen. O.F.M., Vesc., † 1884, 9 Gen.
Bernardo Bellosi da Milano, † 1895, 29 Apr.
Bernardo da Cappadocia, † 1889, 20 Feb.
Biagio Grassi, † 1995, 8 Set.
Bonaventura (b.) Brochart, † 1536, 6 Giu.
Bonaventura (SdD) da Colonnella, M., † 1609, 30 Dic.
Bonaventura (SdD) da Cremona, MdC, † 1721, 8 Apr.
Bonaventura (SdD) da Mola, MdC, † 1735, 8 Giu.
Bonaventura da S. Giorgio, † 1863, 5 Nov.
Bonaventura Robotti da Solero, † 1888, 20 Nov.
Bonaventura (SdD) Sanahuja, MdC, † 1786, 30 Mar.
Brigida (S.) di Svezia, III Ord., † 1373, 23 Lug.
Bruno Hebenstreit, † 1990, 28 Lug.
Camillo (SdD) da Conzano, MdC, † 1760, 25 Mar.
Carlo (SdD) Zappa da Rezzonico, MdC, † 1671, 16 Mag.
Carlo Francesco (SdD) da Alessandria (Piemonte), MdC, † 1802, 2 Mag.
Carlo Francesco Morandi da Milano, † 1682, 14 Ott.
Carlo Giacinto da Pavia, † 1748, 27 Giu.
Carlo Innocenzo (SdD) Giordano da Cuneo, MdC, † 1760, 27 Apr.
Carlo Maria Lunghi da Brongio Milanese, † 1849, 25 Mar.
Carlo Maria (SdD) da Montefegatesi, MdC, † 1762, 24 Lug.
Carmelo (B.) Bolta, M., † 1860, 10 Lug.
Casimiro (SdD) Nerlich da Filesca, MdC, † 1718, 26 Apr.
Caterina (B.) Troiani, V., III Ord., † 1887, 6 Mag.

Celestino Tieffen da Milano, † 1728, 9 Giu.
Cesare (SdD) Ridolfi, MdC, † 1841, 16 Lug.
Cesario (B.) da Spira, † 1239, 1 Apr.
Cherubino (SdD) da Caserta, MdC, † 1720, 6 Giu.
Claudio (SdD) da Campoloro, MdC, † 1669, 23 Giu.
Claudio Gavazzi da Lodi, Cust. T.S., † 1674, 14 Giu.
Claudio (SdD) Jarier, MdC, † 1653, 18 Mar.
Claudio Quaresmi da Lodi, † 1625, 16 Apr.
Clemente VI, Papa, † 1352, 6 Dic.
Clemente (SdD) da Caltanissetta, MdC, † 1693, 27 Apr.
Corrado (B.) da Halles, M., † 1269, 3 Dic.
Cosma (SdD) Ruiz di S. Damiano, M., † 1597, 15 Ago.
Costante (SdD) da Cresciano, † 1735, 26 Mag.
Crisostomo da Malta, † 1670, 22 Nov.
Cristoforo Lodoi, MdC, † 1702, 24 Nov.
Cristoforo Maritati da Treviglio, † 1789, 14 Feb.
Cristoforo (b.) Piccinelli da Varese, † 1491, 26 Set.
Custode (SdD) degli Angeli, MdC, † 1732, 10 Giu.
Damaso (SdD) Alonso, MdC, † 1693, 13 Apr.
Damaso (SdD) da Cuneo, MdC, † 1720, 30 Ago.
Damiano (B.) da Valencia, M., † 1533, 2 Ago.
Damiano (SdD) del Castello, MdC, † 1710 –10 Set.
David (B.) Oghlou David, M., † 1895, 22 Nov.
Davide Farenzena d'Agordo, † 1888, 12 Ago.
Davide Novaretto da Vigone, † 1894, 5 Mar.
Demetrio (B.) da Tiflis, M., † 1321, 9 Apr.
Deodato (S.) Aribert da Rodez, M., † 1391, 14 Nov.
Diego (SdD) da Castelvetrano, MdC, † 1702, 18 Lug.
Diego da Gabbiano, † 1735, 7 Nov.
Diego (SdD) López da Bazain, Pellegr., MdC, † 1670, 15 Ago.
Diego (SdD) Muñarez, MdC, † 1693, 20 Apr.
Diego (SdD) da Pomarico, M., † 1693, 17 Lug. (g. inc.)
Diego da Roma, † 1736, 23 Feb.
Diego (SdD) di S. Giorgio, M., † 1696, 18 Gen.
Diego (S.) da S. Nicolás del Puerto [detto di Alcalá], † 1463, 12 Nov.
Diego (SdD) Stoppolini da Mombaroccio, M., † 1753, 20 Gen.
Diego Damiani da Conegliano, † 1935, 27 Mag.
Dimbalac (B.) Oghlou Wartavar, M., † 1895, 22 Nov.
Dionisio (SdD) Boix Palanca, Comm. T.S., M., † 1936, 9 Ago.
Dionisio Savorniano da Udine, Cust. T.S., † 1547, 19 Lug.
Domenico Antonini, † 1967, 20 Gen.
Domenico Di Marco, † 1965, 18 Dic.
Domenico Lardizaval della Biscaglia, Proc. T.S., † 1697, 16 Nov.
Domenico di Maria S.S.ma Addolorata, † 1834, 15 Apr.
Domenico (SdD) Varela, MdC, † 1813, 4 Ago.
Edoardo (SdD) da Alessandria (Piemonte), MdC, † 1760, 17 Mar.
Edoardo Micheli da Gandino, † 1631, 16 Giu.
Egidio (B.) d'Assisi , † 1262, 23 Apr.
Eletto Zwinner, † 1668, 21 Apr.
Emidio (SdD) Banti da Fucecchio, MdC, † 1832, 25 Ago.
Emmanuele Carnero, † 1982, 10 Mar.

Emmanuele Mandiguzia, † 1696, 8 Apr.
Emmanuele (B.) Ruiz, M., † 1860, 10 Lug.
Emmanuele Trigo, † 1936, 7 Dic.
Enghelberto (B.) Kolland, M., † 1860, 10 Lug.
Enrico Collado da Titijacas, † 1887, 29 Mag.
Enrico II (b.) di Lusignano, Re, † 1324, 17 Set.
Ercolano (B.) da Piagale, † 1451, 28 Mag.
Ermenegildo (SdD) Trezza da Ferentino, MdC, † 1883, 22 Ago.
Ermete Kohout, † 1948, 30 Mag.
Eusebio Zerboni da Velles, Cust. T.S., † 1662, 17 Mag.
Evangelista (SdD) da Calvello, M., † 1560, 19 Nov. (g. inc.)
Evangelista da Gabbiano, Cust. T.S., † 1618, 22 Lug.
Evangelista (SdD) Micallef, MdC, † 1744, 7 Apr.
Evaristo El-Hresi da Betlemme, † 1891, 26 Ago.
Faustino (SdD) Sinbinelli da Ponte di Legno, M., † 1799, 16 Mar.
Fedele da Montefalciano, † 1894, 25 Ago.
Fedele Orsini, † 1931, 1 Giu.
Federico (B.) Jansoone da Ghyvelde, † 1916, 4 Ago.
Felice Boldrin da Masi, Condutt., † 1890, 4 Lug.
Felice (B.) Gómez Pinto, M., † 1936, 7 Set.
Felice (SdD) da S. Severino, M., † 1648, 25 Mar.
Felice Scedian da Mardin, † 1971, 4 Feb.
Fidenzio (B.) da Padova, † 1295, 31 Gen. (g. inc.)
Filiberto (SdD) Manzone da Fossano, MdC, † 1786, 14 Mar.
Filippo (SdD) da Cinquefrondi, MdC, † 1693, 5 Apr.
Filippo Eddaie da Nazaret, † 1892, 29 Ago.
Filippo Fuentes, † 1946, 3 Gen.
Filippo (B.) da Le Puy en Valay, M., † 1265, 7 Mar.
Fiorenzo Riconda, † 1997, 18 Lug.
Fortunato (SdD) da Fano, M., † 1862, 10 Ago.
Francesco (NSPS), Fondatore O.F.M., Pellegr., † 1226, 4 Ott.
Francesco (B.) d'Alessandria (Piemonte), M., † 1340, 24 Giu.
Francesco (SdD) Antich, M., † 1833, 22 Lug.
Francesco Begges, † 1668, 31 Gen
Francesco (SdD) Benito, MdC, † 1732, 20 Mag.
Francesco (B.) da Borgo S. Sepolcro, M., † 1314, 15 Mar.
Francesco (SdD) dalla Brianza, Condutt., MdC, † 1711, 29 Giu.
Francesco (SdD) Carreras, MdC, † 1786, 14 Mar.
Francesco (B.) Carlés, M., † 1936, 22 Set.
Francesco (SdD) da Castello, MdC, † 1693, 16 Apr.
Francesco Cola da Roma, † 1901, 4 Nov.
Francesco (SdD) della Concezione, MdC, † 1720, 25 Dic.
Francesco (SdD) Di Vittorio da Rutigliano, M., † 1920, 23 Gen.
Francesco Galan, † 1797, 31 Dic.
Francesco (SdD) da Gioiosa, MdC, † 1732, 27 Feb.
Francesco (SdD) Jordá, MdC, † 1693, 5 Mag.
Francesco da Laurino, † 1655, 26 Lug.
Francesco (SdD) López, MdC, † 1813, 18 Set.
Francesco (B.) Massabki, M., III Ord., †1860, 10 Lug.
Francesco (SdD) da Mistretta, M., † 1668, 27 Mar.
Francesco (B.) da Napoli, M., † 1358, 4 Apr.
Francesco (SdD) Peralta, M., † 1775, 19 Mag.

Francesco (B.) da Petriolo, M., † 1314, 15 Mar.
Francesco (B.) Pinazzo d'Arpuentes, M., † 1860, 10 Lug.
Francesco (B.) da Pisciotta, † 1520, 7 Dic.
Francesco Quaresmi da Lodi, † 1656, 20 Ott.
Francesco Romero, † 1722, 24 Giu.
Francesco (SdD) da Siracusa, MdC, † 1732, 4 Giu.
Francesco (B.) da Spoleto, M., † 1288, 1 Gen.
Francesco (b.) Trivulzio da Milano, Pellegr., † 1494, 18 Set.
Francesco da Venezia, Comm. T.S., † 1651, 17 Set.
Francesco Antonio (SdD) da Ferrara, MdC, † 1720, 16 Set.
Francesco Bernardino (SdD) Scotti da Saluzzo, MdC, † 1735, 11 Giu.
Francesco Clemente (SdD) da Semur, M., † 1703, 17 Mag.
Francesco Giuseppe Costa Major, † 1892, 10 Ott.
Francesco Trifone López, † 1857, 26 Lug.
Fulgenzio Minotte, † 1945, 30 Gen.
Fulgenzio Pasini, Vesc., † 1985, 17 Apr.
Gabriele (B.) Allegra, † 1976, 26 Gen.
Gaspare (B.) da Barga, † 1500, 3 Apr. (a. inc.)
Gabriele (SdD) Corneille da Le Mans, MdC, † 1627, 12 Ott.
Gabriele da Cortona, † 1856, 26 Ago.
Gaudenzio Saibanti da Verona, Cust. T.S., † 1612, 1 Ago.
Gentile (B.) Finiguerra da Matelica, M., † 1340, 5 Set.
Gerardo (b.) Boccabadati da Modena, † 1251, 25 Ago.
Gerardo (B.) Mecatti da Villamagna, III Ord., † 1276, 25 Mag.
Geremia (B.) da Genova, M., † 1266, 25 Lug.
Geremia (B.) Oghlou Boghos, M., † 1895, 22 Nov.
Gerolamo da Codogno, † 1702, 17 Lug.
Gerolamo da Legnano, † 1656, 22 Set.
Gerolamo (SdD) da Padula, MdC, † 1670, 12 Set.
Gerolamo (SdD) di Piana, MdC, † 1681, 23 Mag.
Gerolamo (SdD) da S. Anatolia, MdC, † 1835, 28 Mag.
Gerolamo (S.) da Weert, M. , † 1572, 9 Lug.
Gerolamo Maria (SdD) da S. Giovanni Rotondo, MdC, † 1732, 14 Lug.
Giacinto Maria Faccio, † 2003, 19 Gen.
Giacomo da Carini, † 1876, 27 Apr.
Giacomo (B.) Ciuffagni da Firenze, Vesc., M., † 1362, 2 Gen.
Giacomo (B.) da Le-Puy, M., † 1266, 25 Lug.
Giacomo (b.) Magnavacca da Alessandria (Piemonte), Cust. T.S., † 1478, 18 Feb.
Giacomo (B.) di Padova, M., † 1321, 9 Apr.
Giacomo (B.) da Porta, † 1356, 21 Giu.
Giacomo Radó, † 1873, 12 Gen.
Giambattista (SdD) Cortenova da Mandello Lario, Vesc., † 1806, 23 Giu.
Giancrisostomo Guzzo, † 1953, 5 Giu.
Gianfrancesco Morganti da Arzignano, Cust. T.S., † 1598, 12 Apr.
Gian Giacomo (B.) Fernández, M., † 1860, 10 Lug.
Gilberto (SdD) da Bres, MdC, † 1787, 15 Giu.
Ginepro (SdD) dalla Sicilia, M., † 1557, 23 Feb.
Gioacchino (SdD) Busto, MdC, † 1839, 20 Apr.
Gioacchino (SdD) Cerdá, MdC, † 1799, 6 Mag.
Gioacchino Miñana da Palma, † 1896, 13 Nov.
Gioacchino Puig, † 1850, 13 Dic.
Giorgio (b.) Albanese, † 1500, 13 Giu. (a. inc.)

Giovanni XXIII (S.), Papa, III Ord., † 1963, 3 Giu.
Giovanni (B.), già Aitone II, Re, M., † 1308, 18 Nov.
Giovanni Andrés, † 1700, 29 Dic.
Giovanni (SdD) Belín, MdC, † 1702, 25 Nov.
Giovanni (SdD) Benito, MdC, † 1703, 5 Mag.
Giovanni (B.) Buralli da Parma, † 1289, 19 Mar.
Giovanni (B.) dalla Calabria, M., † 1482, 13 Gen.
Giovanni (S.) da Capistrano, † 1456, 23 Ott.
Giovanni (SdD) dalla Concezione, MdC, † 1813, 25 Giu.
Giovanni (SdD) della Croce, MdC, † 1693, 16 Apr.
Giovanni (SdD) da Damasco, III Ord., M., † 1347, 20 Gen. (g. inc.)
Giovanni Dowd, † 2003 , 23 Set.
Giovanni (B.) da Etheo, M., † 1366, 11 Apr.
Giovanni da Force, † 1875, 23 Gen.
Giovanni (SdD) Gil, MdC, † 1813, 18 Giu.
Giovanni di Góngora da Carmona, † 1578, 2 Lug.
Giovanni (B.) Kador, M., † 1382, 2 Dic.
Giovanni (B.) da Mantova, M., † 1557, 6 Dic. (g. inc.)
Giovanni Marino, † 1714, 11 Ago.
Giovanni (B.) Martinozzi da Montepulciano, M., † 1345, 15 Apr.
Giovanni (SdD) Mauleon, MdC, † 1760, 3 Mag.
Giovanni (B.) da Napoli, M., † 1370, 12 Lug.
Giovanni (B.) Nero, III Ord., M., † 1340, 24 Giu.
Giovanni (SdD) Riba, MdC, † 1760, 2 Mag.
Giovanni Ribera, Proc. T.S., † 1795, 20 Ago.
Giovanni (B.) Ristori, † 1402, 15 Feb.
Giovanni (SdD) Romero, † 1722, 17 Gen.
Giovanni di S. Diego, † 1670, 3 Mag.
Giovanni da Vicari, III Ord., † 1899, 1 Set.
Giovanni (SdD) da Viggiano, M., † 1560, 19 Nov. (g. inc.)
Giovanni Ximenes, † 1844, 13 Set.
Giovanni (SdD) Zuase da Medina del Campo, M., † 1551, 4 Gen.
Giovanni Alonso (SdD) da Yelmo, MdC, † 1827, 12 Mag.
Giovanni Battista Climent (SdD) Gómez, M., † 1936, 23 Ago.
Giovanni Battista D'Amanti, † 1999, 2 Gen.
Giovanni Battista da Nicosia Sicula, † 1695, 10 Mar.
Giovanni Battista da Pietrabruna, † 1670, 6 Ago.
Giovanni Battista (SdD) da Torino, MdC, † 1710, 24 Ago.
Giovanni Battista Vañó, † 1921, 1 Feb.
Giovanni Capistrano Cayer, Vesc., † 1978, 13 Mag.
Giovanni Giuseppe (SdD) Pedreira, MdC, † 1741, 29 Giu.
Giovanni Maria Briand, † 1994, 31 Dic.
Giovanni Paolo II (S.), Papa, † 2005, 3 Apr.
Giovanni Paolo Rossi da Pavia, † 1766, 22 Ott.
Giovanni Pietro (SdD) da Penango, MdC, † 1741, 13 Ago.
Giulio (SdD) Martín García, M., † 1945, 19 Feb.
Giulio Valorai, † 1933, 10 Feb.
Giulio da Venezia, Condutt., † 1671, 4 Nov.
Giuseppe Aguillo, † 1905, 10 Mag.
Giuseppe (SdD) Akillian, III Ord., M., † 1921, 15 Feb.
Giuseppe Ambrosini da Jesi, † 1876, 7 Giu.
Giuseppe (SdD) Andrés, MdC, † 1814, 16 Ago.

Giuseppe Areso, † 1878, 17 Feb.
Giuseppe Arzi della Concezione, † 1718, 12 Mag.
Giuseppe (SdD) da Atina, M., † 1648, 25 Mar.
Giuseppe (B.) Azurmendi Larrínaga, M., † 1936, 21 Set.
Giuseppe (SdD) Brandes, MdC, † 1670, 25 Lug.
Giuseppe Bueno, † 1834, 18 Gen.
Giuseppe Carlotti da Calvi, † 1884, 11 Feb.
Giuseppe (SdD) della Croce, MdC, † 1828, 13 Apr.
Giuseppe (SdD) Dandlau, MdC, † 1768, 7 Mag.
Giuseppe Lamego, † 1846, 1 Gen.
Giuseppe da Lovere, † 1673, 14 Nov.
Giuseppe (SdD) da Malta, MdC, † 1670, 25 Ago.
Giuseppe (SdD) Mazet, MdC, † 1718, 8 Giu.
Giuseppe Montero, Proc. T.S., † 1957, 26 Ott.
Giuseppe da Narni, † 1725, 5 Giu.
Giuseppe (SdD) da Rabath, MdC, † 1670, 25 Lug.
Giuseppe (SdD) Roig y Lorca, M., † 1936, 24 Lug.
Giuseppe (SdD) Rol, MdC, † 1693, 20 Mag.
Giuseppe di S. Croce, † 1728, 28 Set.
Giuseppe di S. Giovanni, † 1727, 3 Feb.
Giuseppe Serra, † 1903, 27 Ott.
Giuseppe (SdD) da Viareggio, MdC, † 1834, 18 Giu.
Giuseppe (SdD) Villajas, M., † 1834, 17 Lug.
Giuseppe (SdD) da Villares, MdC, † 1841, 22 Apr.
Giuseppe Weiher, † 1905, 31 Gen.
Giuseppe Antonio Schalkhamler, † 1924, 6 Ott.
Giuseppe Lorenzo da S. Giorgio di Furco, † 1893, 24 Dic.
Giuseppe Maria Maniscalco da Alessandria della Rocca, Vesc., Min. Gen. O.F.M., † 1855, 9 Apr.
Giuseppe Maria da Perugia detto da Ripa, † 1722, 3 Nov.
Giuseppe Maria Rodal, † 1868, 29 Mar.
Gonzalo (B.), M., † 1363, 16 Mag.
Gregorio (S.) Grassi da Castellazzo Bormida, Vesc., Pellegr., M., † 1900, 9 Lug.
Grifone (b.) da Courtray (Andrea Grieff da Kortryk), † 1475, 18 Lug.
Grifone (B.) Slavo, M., † 1480, 20 Dic.
Guglielmo (B.) da Castellamare di Stabia, M., † 1364, 8 Ago.
Guglielmo (b.) Cordelle, † 1244, 28 Feb. (g, inc.)
Guglielmo (B.) Walden, M., † 1334, 5 Giu.
Guiscardo (B.) dei Guiscardi da Cremona, Vesc. M., † 1289, 26 Apr. (g. inc.)
Horberto Krilsrahs, † 1670, 15 Gen.
Khodianin (B.) Oghlou Kadir, M., † 1895, 22 Nov.
Kouradji (B.) Oghlou Tzeroum, M., † 1895, 22 Nov.
Ignazio da Monte di Malo, † 1686, 24 Giu.
Ilarione Nacuzi, † 1936, 13 Nov.
Illuminato (B.) da Rieti, † 1266, 5 Mag.
Innocenzo (SdD) Bizzarri da Roma, M., † 1662, 19 Feb.
Innocenzo (SdD) da Torre, MdC, † 1798, 27 Giu.
Isabella (SdD) la Cattolica, Regina, III Ord., † 1504, 26 Nov.
Isacco Rodríguez da Consuegra, † 1885, 4 Apr.
Isidoro (SdD) Baniuls, Proc. T.S., M., † 1833, 22 Lug.
Isidoro Bellomi da Castelcerino, † 1918, 15 Gen.
Isidoro Dorsch, † 1893, 8 Giu.
Isidoro (SdD) da Oggiono, Pres. Cust., † 1677, 8 Gen.
Lamberto Benoist, † 1665, 20 Ago.

Lavinio Colleman da Hamme, † 1898, 23 Set.
Lavinio (B.) dalla Provenza, M., † 1345, 1 Ago.
Leonardo (B.) d'Assisi, † 1230, 2 Giu. (a. inc.)
Leonardo Maria (SdD) Bello, Min. Gen. O.F.M., Pellegr., † 1944, 28 Nov.
Leone XIII, Papa, III Ord., † 1903, 20 Lug.
Leopardo (SdD) Bellucci da Osimo, M., † 1920, 20 Ago.
Liberato (SdD) Angoletta, III Ord., M.,, † 1893, 26 Ott.
Lorenzo (B.) d'Alessandria (Piemonte), M., † 1340, 24 Giu.
Lorenzo (SdD) Del Rio, MdC, † 1732, 10 Apr.
Lorenzo da Monte Acuto, † 1670, 2 Mag.
Luca (SdD) Cavallero, MdC, † 1719, 18 Mag.
Luca Kelnhoffer da Schwaz, † 1893, 19 Mag.
Luca Domenico Capozi, Vesc., † 1991, 30 Dic.
Lucia (B.), V., M., II Ord., † 1289, 3 Ago. (g. inc.)
Luciano da Siracusa, † 1696, 29 Set.
Lucio Hoyos da Blanca, † 1882, 15 Mar.
Ludovico (b.) di Barga, † 1477, 28 Dic. (a. inc.)
Ludovico da Benevento, † 1699, 10 Ott.
Ludovico (SdD) De Giovanni da Ospedaletto, MdC, † 1670, 19 Ago.
Ludovico (B.) (Luis) Echevarría Gorostiaga, M., † 1936, 22 Set.
Ludovico (SdD) da Laurenzana, M., † 1668, 27 Mar.
Ludovico Nardolillo, † 1946, 28 Feb.
Ludovico (B.) Palmentieri, † 1885, 30 Mar.
Luigi, † 1619, 19 Ott.
Luigi IX (S.), Re, III Ord., † 1270, 25 Ago.
Luigi (Ven.) Esparza, † 1825, 31 Ago.
Luigi Michelluci da Nave, † 1880, 4 Giu.
Luigi Monje, † 1997, 27 Lug.
Maddalena, V., III Ord., † 1563, 22 Lug.
Mamerto (SdD) Esquiú, Vesc., † 1883, 10 Gen.
Mansueto da Gelbio, † 1669, 3 Ott.
Marcellino Nobili, † 1913, 11 Dic.
Maria (Ven.) delle Cinque Piaghe, III Ord., MdC, † 1670, 5 Set.
Maria (SdD) da Coimbra, M., III Ord., † 1582, 4 Apr.
Maria (B.) di Gesù Crocifisso, V., III Ord., † 1878, 26 Ago.
Maria (SdD) della Trinità, V., II Ord., † 1942, 25 Giu.
Mariano Farinelli, † 2000, 10 Set.
Mariano Gaspari da Roverè di Velo, † 1895, 17 Gen.
Mariano Redavid, † 1985, 26 Feb.
Mario Ferretti da Colleamato, † 1938, 16 Ago.
Martino (SdD) Caballero, M., † 1775, 19 Mag.
Martino (B.) Lozano Tello, M., † 1936, 16 Ago.
Martino de Urreta, † 1683, 3 Set.
Masseo (SdD) da Valdagno, MdC, † 1681, 5 Dic.
Materno Muré, † 1932, 11 Mag.
Mattia (SdD) Cebrian, M., † 1833, 22 Lug.
Matteo De Benedictis, Economo Custodiale, † 1992, 24 Apr.
Maurizio da Epidauro, † 1655, 14 Set.
Mauro Antonio dal Portogallo, † 1701, 20 Set.
Melchiade (SdD) Filippi da Borgiallo, MdC, † 1799, 8 Gen.
Melchiorre (B.) Flavio da Albi, † 1570, 17 Mar. (a. inc.)
Michelangelo (SdD) Chircop da Malta, MdC, † 1693, 26 Mag.
Michelangelo da Fucecchio, † 1727, 29 Nov.
Michelangelo (SdD) da Villafalletto, MdC, † 1732, 4 Mar.
Michele Acerbi da Bracca, † 1753, 24 Set.

Michele (B.) Carcano da Milano, † 1484, 20 Mar.
Michele De Zio da Ruvo, † 1909, 19 Apr.
Michele (SdD) Domínguez, MdC, † 1786, 23 Apr.
Michele (SdD) da Sala, MdC, † 1760, 18 Mag.
Michelina (B.) Metelli–Malatesta da Pesaro, III Ord., † 1356, 19 Giu.
Monaldo (B.) d'Ancona, M., † 1314, 15 Mar.
Mooti (B.) Massabki, M., III Ord., †1860, 10 Lug.
Nazzareno Fedeli da Pistoia, † 1895, 23 Mar.
Nazzareno Geijerin Oglu, † 1881, 10 Ago.
Nazzareno Jacopozzi, Cust. T.S., † 1973, 24 Gen.
Nicanore (B.) Ascanio, M., † 1860, 10 Lug.
Nicola (SdD) Cabañes, MdC, † 1710, 18 Ott.
Nicola (SdD) da Napoli, MdC, † 1742, 7 Lug.
Nicola Maria (B.) Alberca y Torres, M., † 1860, 10 Lug.
Nicolò (B.) da Monte Corvino, M., † 1358, 4 Apr.
Nicolò Payi da Gand, Pellegr., † 1669, 2 Ago.
Nicolò (B.) de Romanis da Osimo, † 1453, 23 Feb.
Nicolò (S.) Tavelic´ da Sebenico, M., † 1391, 14 Nov.
Oddino (B.) Barotti da Fossano, III Ord., Pellegr., MdC, † 1400, 7 Lug.
Odorico (B.) Mattiussi da Pordenone, † 1331, 14 Gen.
Ortolana (b.) II Ord., † 1253, 2 Gen.
Paolo (SdD) González, M., † 1833, 22 Lug.
Pacifico Krengel, † 1676, 19 Nov.
Pacifico (B.) da Spoleto, M., † 1402, 8 Set.
Pacifico da Valdagno, Condutt., † 1776, 26 Lug.
Pacomio (SdD) Meusnier, MdC, † 1726, 1 Apr.
Pancrazio Donneschi, † 2003, 17 Mar.
Paolina (SdD) dei Marchesi Nicolay, V., III Ord., † 1868, 9 Giu.
Paolo VI (Ven.), Papa, Pellegr., III Ord., † 1978, 6 Ago.
Paolo Boerkamp, † 1893, 29 Lug.
Paolo (SdD) Koll, MdC, † 1741, 29 Dic.
Paolo di Pannonia, † 1702, 23 Ott.
Paolo Volpini da Piacenza, Cust. T.S., † 1774, 5 Set.
Pasquale Boladian da Maraasc, † 1916, 7 Mag.
Pasquale Franzoni da Varese, Min. Gen. O.F.M., † 1768, 5 Giu.
Pasquale de Murtas, † 1798, 6 Mar.
Pasquale Pala, III. Ord., † 1955, 9 Mar.
Pasquale Visciarelli da Filetto, † 1908, 28 Gen.
Pasquale (B.) da Vittoria, M., † 1340, 24 Giu.
Patrizio (SdD) Duggan, MdC, † 1883, 30 Lug.
Patrizio (SdD) Werkley, MdC, † 1917, 6 Apr.
Pellegrino (B.) da Falerone, † 1233, 5 Set.
Pellegrino (SdD) da Massa, MdC, † 1787, 11 Feb.
Pica (b.), III Ord., † 1236, 1 Apr.
Pierbattista Margutti, † 1926, 16 Ago.
Pierbattista Nieto, † 1961, 5 Dic.
Pierbattista (SdD) Pieroni da Colle di Compito, MdC, † 1892, 27 Giu.
Pier Damiano (SdD) da S. Damiano, MdC, † 1732, 10 Mag.
Piergiovanni Bettini, † 1905, 20 Mar.
Pietro (SdD) Alexandre, MdC, † 1670, 10 Ago.
Pietro (B.) Cattani, † 1221, 10 Mar.
Pietro (SdD) Coll, MdC, † 1692, 6 Giu.
Pietro (Ven.) Esteve Puig, Comm. T.S., † 1658, 3 Nov.
Pietro Fardé da Gand, Condutt., † 1691, 19 Giu.

Pietro (SdD) Mariette, MdC, † 1626, 1 Mag.
Pietro (B.) Martelli, M., † 1340, 24 Giu.
Pietro (S.) da Narbonne, M., † 1391, 14 Nov.
Pietro (SdD) Rebollo, Condutt., M., 1834, 17 Lug.
Pietro (B.) da Roma, M., III Ord., † 1358, 4 Apr.
Pietro (B.) da Santojo, † 1431, 7 Apr.
Pietro (SdD) Sanz da Torrija, MdC, † 1800, 24 Mar.
Pietro (B.) da Siena, M., † 1321, 9 Apr.
Pietro (B.) Soler, M., † 1860, 10 Lug.
Pietro (SdD) da Ticino (Pavia), MdC, † 1671, 18 Giu.
Pietro (SdD) Tommasević da Fojnica, MdC, † 1711, 8 Ago.
Pietro (B.) d'Ungheria, M., † 1314, 1 Ott. (g. inc.)
Pietro Antonio (SdD) da Genova, MdC, † 1823, 24 Mag.
Pietro Antonio da Grana, † 1787, 14 Mar.
Pietro Antonio Grassi da Cantù, Cust. T.S., † 1685, 19 Gen.
Pietro Battista (SdD) Gros, MdC, † 1711, 27 Giu.
Pietro Matteo de Lara Barnuevo, † 1671, 21 Set.
Placido (SdD) Bertoglio da Varallo Sesia, MdC, † 1670, 19 Lug.
Placido Pardini da Roma, † 1831, 5 Feb.
Placido Siman, † 1961, 13 Nov.
Pompilio da Stanazza, Condutt., † 1867, 2 Ago.
Prospero Zinelli da Brescia, † 1758, 21 Mar.
Prospero Maria Viaud, † 1932, 1 Feb.
Raffaele (SdD) Callus da la Valletta, MdC, † 1883, 31 Lug.
Raffaele (B.) Massabki, M., III Ord., †1860, 10 Lug.
Raffaele Mosca da Castel d'Emilio, † 1898, 12 Feb.
Raffaele Quinn, † 1966, 8 Mar.
Raffaele (SdD) Ventayol, Proc. T.S., † 1726, 10 Gen.
Raimondo Glosa, † 1763, 11 Set.
Raimondo (B.) Lull, III Ord., M., † 1316, 29 Giu.
Raimondo (B.) Ruffini, M., † 1340, 24 Giu.
Raimondo Verdés, † 1936, 7 Apr.
Rainoldo Palmer, † 1966, 7 Gen.
Reginaldo (SdD) da Atene, MdC, † 1786, 3 Dic.
Remigio (SdD) da Biella, MdC, † 1732, 19 Apr.
Riccardo (B.) di Borgogna, Vesc., M., † 1340, 24 Giu.
Rocco (SdD) della Normandia, III Ord. Reg., MdC, † 1702, 14 Mag.
Romano Vass, † 1982, 10 Ago.
Romualdo (SdD) Blisio da Moncherio, MdC, † 1787, 20 Apr.
Rosario da Granmichele, † 1892, 18 Gen.
Sabbatino (B.) da Assisi, † 1251, 2 Feb.
Sabbatino Del Gaizo, † 1934, 8 Apr.
Sabino Marotta, † 1969, 13 Mar.
Salvatore (SdD) da Avola, MdC, † 1835, 7 Mag.
Salvatore da Carenzano, † 1883, 3 Giu.
Salvatore (B.) Lilli da Cappadocia, M., † 1895, 22 Nov.
Salvatore (SdD) Sabatini da Pizzoli, M., † 1920, 23 Gen.
Salvatore Vannoti, † 1656, 2 Ott.
Salvatore Antonio Vassallo da Malta, Cust. T.S., † 1859, 3 Gen.
Samuele (SdD) Cestonaro da Sovizzo, M., † 1868, 12 Mar.
Sancia (b.) di Mallorca, Regina, II Ord., † 1345, 28 Lug.
Sante da Partenico, † 1892, 20 Feb.
Sebastiano Vehil, Proc. di T.S., † 1873, 8 Apr.
Secondo Leonardo (SdD) da Suna, MdC, † 1760, 12 Mag.

Sepolcro (SS.mo) di Nostro Signore Gesù Cristo, 15 Lug.
Serafino (SdD) Álvarez, MdC, † 1942, 25 Nov.
Serafino Ascolese, † 1998, 30 Dic.
Serafino da Novara, † 1667, 3 Mag.
Sigismondo (SdD) da Gualtieri, MdC, † 1760, 30 Apr.
Silvestro Saller, † 1975, 22 Gen.
Simone Biscaglino, † 1656, 18 Set.
Simone Costés, † 1914, 6 Apr.
Simone (S.) da Lypnica, MdC, † 1482, 18 Lug.
Sira (B.), III Ord., † 1356, 31 Dic. (a. inc.)
Siro (SdD) da Dorno, MdC, † 1718, 18 Apr.
Siro Antonio (SdD) da Ticino, MdC, † 1736, 25 Mar.
Siro Bernardino (SdD) da Ticino, MdC, † 1711, 4 Giu.
Stefano Bassart, † 1894, 17 Gen.
Stefano Bizi, † 1966, 26 Mag.
Stefano (SdD) Jalincatian da Maraasc, M., † 1920, 23 Gen.
Stefano Ricci da Dongo, † 1638, 26 Dic.
Stefano (S.) Tornielli da Cuneo, † 1391, 14 Nov.
Tommaso (B.) Bellacci da Firenze, † 1447, 31 Ott.
Tommaso (SdD) da Calangianus, M., † 1840, 5 Feb.
Tommaso D'Ascani, † 1820, 3 Feb.
Tommaso d'Irlanda, † 1718, 25 Dic.
Tommaso (b.) da Norcia, Cust. T.S., † 1540, 5 Lug.
Tommaso Obicini da Nonio [detto da Novara], Cust. T.S., † 1632, 7 Nov.
Tommaso da Recanati, † 1851, 2 Set.
Tommaso (SdD) di S. Giovanni, MdC, † 1671, 24 Set.
Tommaso (B.) da Tolentino, M., † 1321, 9 Apr.
Toros (B.) Oghlou David, M., † 1895, 22 Nov.
Ugo Janssen, † 1960, 27 Giu.
Ugo (B.) da Prato detto Panciera, † 1312, 5 Mar.
Valentino Rezasco da Vernazza, † 1881, 3 Lug.
Vendelino Hinterkeuser da Menden, † 1921, 21 Set.
Vincenzo Auñon, † 1970, 30 Ago.
Vincenzo (SdD) Ortolá, MdC, † 1786, 7 Mar.
Vincenzo (SdD) da S. Anastasia, MdC, † 1835, 10 Apr.
Vincenzo (SdD) da Stigliano, M., † 1560, 19 Nov. (g. inc.)
Vittore (SdD) Urrutía, M., † 1896, 11 Feb.
Zaccaria (SdD) Retamero, M., † 1833, 22 Lug.

Indice cronologico

1221, 10 Mar., Pietro (B.) Cattani
1226, 4 Ott., Francesco (NSPS), Fondatore O.F.M., Pellegr. T.S.
1229, 14 Mag., Barbaro (B.) d'Assisi
1230, 2 Giu. (a. inc.), Leonardo (B.) d'Assisi
1231, 13 Giu., Antonio (S.) da Lisbona [detto di Padova], Dott. della Chiesa, Patrono della Cust. di T.S.
1233, 5 Set., Pellegrino (B.) da Falerone
1236, 1 Apr., Pica (b.), III Ord.
1239, 1 Apr., Cesario (B.) da Spira
1244, 28 Feb. (a. inc. - g, inc.), Guglielmo (b.) Cordelle
1244, 30 Nov. (g. inc.), Anonimi (SdD) Protomartiri di Gerusalemme e Terra Santa
1250, 27 Set. (a. inc.), Due Anonimi Frati Minori (Siria)
1251, 2 Feb., Sabbatino (B.) da Assisi
1251, 25 Ago., Gerardo (b.) Boccabadati da Modena
1253, 2 Gen., Ortolana (b.) II Ord.
1262, 23 Apr., Egidio (B.) d'Assisi
1263, 4 Dic., Molti Anonimi Frati Minori (Arsuf), M.M.
1265, 7 Mar., Filippo (B.) da Le Puy en Valay, M.
1266, 5 Mag., Illuminato (B.) da Rieti
1266, 25 Lug., Sette Anonimi Frati Minori (Safed), M.M.
1266, 25 Lug., Geremia (B.) da Genova, M.
1266, 25 Lug., Giacomo (B.) da Le-Puy, M.
1268, 18 Mag., Anonimi Frati Minori (Montagna Nera), M.M.
1269, 3 Dic., Sette Anonimi Frati Minori (Terra Santa), M.M.
1269, 3 Dic., Corrado (B.) da Halles, M.
1270, 25 Ago., Luigi IX (S.), Re, III Ord.
1276, 25 Mag., Gerardo (B.) Mecatti da Villamagna, III Ord.
1282, 1 Set. (a. inc.), Benedetto (b.) Sinigardi da Arezzo
1284, 13 Dic., Aldobrandino (B.) Ammannati, M.
1284, 13 Dic., Antonio (B.) d'Armenia, M.
1288, 1 Gen., Francesco (B.) da Spoleto, M.
1289, 19 Mar., Giovanni (B.) Buralli da Parma
1289, 26 Apr., Molti Anonimi Frati Minori col loro Superiore (Tripoli), M.M.
1289, 26 Apr. (g. inc.), Guiscardo (B.) dei Guiscardi da Cremona, Vesc., M.
1289, 3 Ago. (g. inc.), Molte Anonime Clarisse (Tripoli), II Ord., M.M.
1289, 3 Ago. (g. inc.), Lucia (B.), V., M., II Ord.

1291, 18 Mag., Settantaquattro Anonime Clarisse (Acri), II Ord., M.M.
1291, 18 Mag., Quattordici Anonimi Frati Minori (Acri), M.M.
1295, 31 Gen. (a. inc. - g. inc.), Fidenzio (B.) da Padova
1308, 18 Nov., Giovanni (B.), già Aitone II, Re, M.
1312, 5 Mar., Ugo (B.) da Prato detto Panciera
1314, 15 Mar., Antonio (B.) Cantoni da Milano, M.,
1314, 15 Mar., Francesco (B.) da Borgo S. Sepolcro, M.
1314, 15 Mar., Francesco (B.) da Petriolo, M.
1314, 15 Mar., Monaldo (B.) d'Ancona, M.
1314, 2 Apr., Angelo (B.) da Spoleto, M.
1314, 1 Ott. (a. inc. - g. inc.), Pietro (B.) d'Ungheria, M.
1316, 29 Giu., Raimondo (B.) Lull, III Ord., M.
1321, 9 Apr., Demetrio (B.) da Tiflis, M.
1321, 9 Apr., Giacomo (B.) di Padova, M.
1321, 9 Apr., Pietro (B.) da Siena, M.
1321, 9 Apr., Tommaso (B.) da Tolentino, M.
1324, 17 Set., Enrico II (b.) di Lusignano, Re
1331, 14 Gen., Odorico (B.) Mattiussi da Pordenone
1334, 5 Giu., Guglielmo (B.) Walden, M.
1340, 24 Giu., Francesco (B.) d'Alessandria (Piemonte), M.
1340, 24 Giu., Giovanni (B.) Nero, III Ord., M.
1340, 24 Giu., Lorenzo (B.) d'Alessandria (Piemonte), M.
1340, 24 Giu., Pasquale (B.) da Vittoria, M.
1340, 24 Giu., Pietro (B.) Martelli, M.
1340, 24 Giu., Raimondo (B.) Ruffini, M.
1340, 24 Giu., Riccardo (B.) di Borgogna, Vesc., M.
1340, 5 Set., Gentile (B.) Finiguerra da Matelica, M.
1345, 15 Apr., Giovanni (B.) Martinozzi da Montepulciano, M.
1345, 28 Lug., Sancia (b.) di Mallorca, Regina, II Ord.
1345, 1 Ago., Lavinio (B.) dalla Provenza, M.
1345, 25 Ott. (a. inc.), Adamo (b.)
1347, 20 Gen. (g. inc.), Giovanni (SdD) da Damasco, III Ord., M.
1352, 6 Dic., Clemente VI, Papa
1356, 19 Giu., Michelina (B.) Metelli–Malatesta da Pesaro, III Ord.
1356, 21 Giu., Giacomo (B.) da Porta
1356, 31 Dic. (a. inc.), Sira (B.), III Ord.
1358, 4 Apr., Francesco (B.) da Napoli, M.
1358, 4 Apr., Nicolò (B.) da Monte Corvino, M.
1358, 4 Apr., Pietro (B.) da Roma, M., III Ord.
1362, 2 Gen., Giacomo (B.) Ciuffagni da Firenze, Vesc., M.
1363, 15 Mar., Antonio (B.) d'Alessandria (Piemonte)
1363, 16 Mag., Gonzalo (B.), M.
1363, 31 Lug., Adamo (b.) da Durazzo, Vesc.
1364, 8 Ago., Guglielmo (B.) da Castellamare di Stabia, M.
1365/1370, 16 Feb. (g. inc.), Sedici Anonimi Frati Minori (Damasco), M.M.
1366, 11 Apr., Giovanni (B.) da Etheo, M.
1369, 24 Feb., Antonio (B.) da Rosate Milanese, M.
1370, 12 Lug., Giovanni (B.) da Napoli, M.
1373, 23 Lug., Brigida (S.) di Svezia, III Ord.
1382, 2 Dic., Giovanni (B.) Kador, M.
1391, 14 Nov., Deodato (S.) Aribert da Rodez, M.
1391, 14 Nov., Nicolò (S.) Tavelic´ da Sebenico, M.
1391, 14 Nov., Pietro (S.) da Narbonne, M.
1391, 14 Nov., Stefano (S.) Tornielli da Cuneo

1400, 26 Giu. (g. inc.), Anonimi Frati Minori (Cipro), M.M.
1400, 7 Lug., Oddino (B.) Barotti da Fossano, III Ord., Pellegr., MdC
1402, 15 Feb., Giovanni (B.) Ristori
1402, 8 Set., Pacifico (B.) da Spoleto, M.
1415, 28 Giu. (a. inc. - g. inc.), Anonimi Frati Minori (Cipro), M.M.
1426, 22 Ago. (g. inc.), Venticinque Anonimi Frati Minori (Cipro), M.M.
1426, 30 Giu. (a. inc.), Anonimi Frati Minori (Cipro), M.M.
1431, 7 Apr., Pietro (B.) da Santojo
1446, 21 Mag. (g. inc.), Molti Anonimi Frati Minori (Gerusalemme), M.M.
1446, 21 Mag. (g. inc.), Alcuni Anonimi Frati Minori (Egitto), M.M.
1447, 31 Ott., Tommaso (B.) Bellacci da Firenze
1450, 15 Ago., Alberto (B.) Bertini da Sarteano
1451, 28 Mag., Ercolano (B.) da Piagale
1453, 23 Feb., Nicolò (B.) de Romanis da Osimo
1456, 23 Ott., Giovanni (S.) da Capistrano
1463, 12 Nov., Diego (S.) da S. Nicolás del Puerto [detto di Alcalá]
1475, 18 Lug., Andrea (b.) Grieff da Kortryk (Grifone da Courtray)
1477, 28 Dic. (a. inc.), Ludovico (b.) di Barga
1478, 18 Feb., Giacomo (b.) Magnavacca da Alessandria (Piemonte), Cust. T.S.
1478, 15 Mar., Bartolomeo (B.) Lippi da Colle
1480, 20 Dic., Grifone (B.) Slavo, M.
1482, 13 Gen., Giovanni (B.) dalla Calabria, M.
1482, 18 Lug., Simone (S.) da Lypnica, MdC
1482, 24 Ago., Anonimo Frate Minore (Gerusalemme), M.
1482, 1 Dic., Antonio (B.) Bonfadini da Ferrara
1484, 20 Mar., Michele (B.) Carcano da Milano
1491, 26 Set., Cristoforo (b.) Piccinelli da Varese
1494, 18 Set., Francesco (b.) Trivulzio da Milano, Pellegr.
1500, 6 Gen. (a. inc. - g. inc.), Anonimo Frate Minore (Roma)
1500, 9 Feb. , Bernardino (Ven.) Caimi da Milano
1500, 3 Apr. (a. inc.), Gaspare (B.) da Barga
1500, 13 Giu. (a. inc.), Giorgio (b.) Albanese
1504, 26 Nov., Isabella (SdD) la Cattolica, Regina, III Ord.
1520, 21 Feb. (a. inc. - g. inc.), Molti Anonimi Frati Minori (Gerusalemme), M.M.
1520, 7 Dic., Francesco (B.) da Pisciotta
1524, 12 Feb., Anselmo da Mantova
1533, 2 Ago., Damiano (B.) da Valencia, M.
1536, 6 Giu., Bonaventura (b.) Brochart
1537/1540, 14 Lug. (g. inc.), Sette Anonimi Frati Minori (Damasco), M.M.
1537/1540, 14 Lug. (g. inc.), Battista (SdD), Proc. T.S., M.
1540, 27 Gen., Angela (S.) Merici, V., III Ord., Pellegr.
1540, 5 Lug., Tommaso (b.) da Norcia, Cust. T.S.
1547, 19 Lug., Dionisio Savorniano da Udine, Cust. T.S.
1547, 16 Dic. (a. inc.), Alcuni Anonimi Frati Minori (Nazaret), M.M.
1551, 4 Gen., Giovanni (SdD) Zuase da Medina del Campo, M.
1552, 28 Lug., Alessandro (SdD) dalla Puglia, M.
1557, 23 Feb., Ginepro (SdD) dalla Sicilia, M.
1557, 6 Dic. (g. inc.), Giovanni (B.) da Mantova, M.
1560, 1 Set., Due Anonimi Frati Minori (Creta)

1560, 19 Nov. (a. inc. - g. inc.), Evangelista (SdD) da Calvello, M.
1560, 19 Nov. (a. inc. - g. inc.), Giovanni (SdD) da Viggiano, M.
1560, 19 Nov. (a. inc. - g. inc.), Vincenzo (SdD) da Stigliano, M.
1563, 22 Lug., Maddalena, V., III Ord.
1570, 17 Mar. (a. inc.), Melchiorre (B.) Flavio da Albi
1570/71, 9 Set., Molti Anonimi Frati Minori (Cipro), M.M.
1572, 9 Lug., Gerolamo (S.) da Weert, M.
1577, 7 Nov., Due Anonimi Frati Minori Cappuccini, M.M.
1578, 2 Lug., Giovanni di Góngora da Carmona, Pellegr.
1582, 4 Apr., Maria (SdD) da Coimbra, M., III Ord.
1597, 15 Ago., Cosma (SdD) Ruiz di S. Damiano, M.
1598, 12 Apr., Gianfrancesco Morganti da Arzignano, Cust. T.S.
1609, 30 Dic., Bonaventura (SdD) da Colonnella, M.
1612, 1 Ago., Gaudenzio Saibanti da Verona, Cust. T.S.
1618, 22 Lug., Evangelista da Gabbiano, Cust. T.S.
1619, 19 Ott., Antonio
1619, 19 Ott., Luigi
1623, 21 Ago., Anselmo (SdD) da Mantova
1625 , 16 Apr., Claudio Quaresmi da Lodi
1626, 1 Mag., Pietro (SdD) Mariette, MdC
1627, 12 Ott., Gabriele (SdD) Corneille da Le Mans, MdC
1631, 16 Giu., Edoardo Micheli da Gandino
1632, 7 Nov., Tommaso Obicini da Nonio [detto da Novara], Cust. T.S.
1638, 26 Dic., Stefano Ricci da Dongo
1640, 14 Gen., Benedetto (SdD) da Bassano Veneto, M.
1645, 17 Nov., Benigno da Brescia
1647, 27 Apr., Berardo (SdD) Dapin, MdC
1648, 25 Mar., Antonio (SdD) da Pescopagano, M.
1648, 25 Mar., Felice (SdD) da S. Severino, M.
1648, 25 Mar., Giuseppe (SdD) da Atina, M.
1651, 17 Set., Francesco da Venezia, Comm. T.S.
1653, 18 Mar., Claudio (SdD) Jarier, MdC
1655, 26 Lug., Francesco da Laurino
1655, 14 Set., Maurizio da Epidauro
1655, 9 Ott., Antonio del Buon Successo, Proc. T.S.
1656, 18 Set., Simone Biscaglino
1656, 22 Set., Gerolamo da Legnano
1656, 2 Ott., Salvatore Vannoti
1656, 20 Ott., Francesco Quaresmi da Lodi
1658, 3 Nov., Pietro (Ven.) Esteve Puig, Comm. T.S.
1662, 19 Feb., Innocenzo (SdD) Bizzarri da Roma, M.
1662, 17 Mag., Eusebio Zerboni da Velles, Cust. T.S.
1665, 20 Ago., Lamberto Benoist
1667, 3 Mag., Serafino da Novara
1668, 31 Gen., Francesco Begges
1668, 27 Mar., Francesco (SdD) da Mistretta, M.
1668, 27 Mar., Ludovico (SdD) da Laurenzana, M.
1668, 21 Apr., Eletto Zwinner
1669, 23 Giu., Claudio (SdD) da Campoloro, MdC
1669, 2 Ago., Nicolò Payi da Gand, Pellegr.
1669, 28 Ago., Ambrogio da Sassano
1669, 3 Ott., Mansueto da Gelbio
1670, 15 Gen., Horberto Krilsrahs
1670, 2 Mag., Lorenzo da Monte Acuto
1670, 3 Mag., Giovanni di S. Diego
1670, 19 Lug., Placido (SdD) Bertoglio da Varallo Sesia, MdC
1670, 25 Lug., Giuseppe (SdD) Brandés, MdC

1670, 25 Lug., Giuseppe (SdD) da Rabath, MdC
1670, 6 Ago., Giovanni Battista da Pietrabruna
1670, 10 Ago., Pietro (SdD) Alexandre, MdC
1670, 15 Ago., Diego (SdD) López da Bazain, Pellegr., MdC
1670, 19 Ago., Ludovico (SdD) De Giovanni da Ospedaletto, MdC
1670, 25 Ago., Giuseppe (SdD) da Malta, MdC
1670, 5 Set., Maria (Ven.) delle Cinque Piaghe, III Ord., MdC
1670, 9 Set., Anselmo (SdD) Ruskovic, MdC
1670, 12 Set., Gerolamo (SdD) da Padula, MdC
1670, 22 Nov., Crisostomo da Malta
1671, 16 Mag., Carlo (SdD) Zappa da Rezzonico, MdC
1671, 18 Giu., Pietro (SdD) da Ticino, MdC
1671, 21 Set., Pietro Matteo de Lara Barnuevo
1671, 24 Set., Tommaso (SdD) di S. Giovanni, MdC
1671, 4 Nov., Giulio da Venezia, Condutt.
1673, 14 Nov., Giuseppe da Lovere
1674, 14 Giu., Claudio Gavazzi da Lodi, Cust. T.S.
1676, 19 Nov., Pacifico Krengel
1677, 8 Gen., Isidoro (SdD) da Oggiono, Pres. Cust.
1681, 23 Mag., Gerolamo (SdD) di Piana, MdC
1681, 5 Dic., Masseo (SdD) da Valdagno, MdC
1682, 14 Ott., Carlo Francesco Morandi da Milano
1683, 3 Set., Martino de Urreta
1685, 19 Gen., Pietro Antonio Grassi da Cantù, Cust. T.S.
1686, 26 Mag., Berardo (SdD) Coreau, MdC
1686, 24 Giu., Ignazio da Monte di Malo
1691, 19 Giu., Pietro Fardé da Gand, Condutt.
1692, 6 Giu., Pietro (SdD) Coll, MdC
1693, 5 Apr., Filippo (SdD) da Cinquefrondi, MdC
1693, 13 Apr., Damaso (SdD) Alonso, MdC
1693, 16 Apr., Francesco (SdD) da Castello, MdC
1693, 16 Apr., Giovanni (SdD) della Croce, MdC
1693, 20 Apr., Diego (SdD) Muñarez, MdC
1693, 27 Apr., Clemente (SdD) da Caltanissetta, MdC
1693, 5 Mag., Francesco (SdD) Jordá, MdC
1693, 20 Mag., Giuseppe (SdD) Rol, MdC
1693, 26 Mag., Michelangelo (SdD) Chircop da Malta, MdC
1693, 17 Lug. (g. inc.), Diego (SdD) da Pomarico, M.
1695, 10 Mar., Giovanni Battista da Nicosia Sicula
1696, 18 Gen., Diego (SdD) di S. Giorgio, M.
1696, 8 Apr., Emmanuele Mandiguzia
1696, 29 Set., Luciano da Siracusa
1697, 16 Nov., Domenico Lardizaval della Biscaglia, Proc. T.S.
1699, 10 Ott., Ludovico da Benevento
1700, 29 Dic., Giovanni Andrés
1701, 20 Set., Mauro Antonio dal Portogallo
1702, 14 Mag., Rocco (SdD) della Normandia, III Ord. Reg., MdC
1702, 18 Lug., Diego (SdD) da Castelvetrano, MdC
1702, 17 Lug., Gerolamo da Codogno
1702, 23 Ott., Paolo di Pannonia
1702, 24 Nov., Cristoforo (SdD) Lodoi, MdC
1702, 25 Nov., Giovanni (SdD) Belín, MdC
1703, 5 Mag., Giovanni (SdD) Benito, MdC
1703, 17 Mag., Francesco Clemente (SdD) da Semur, M.

1710, 24 Ago., Giovanni Battista (SdD) da Torino, MdC
1710, 10 Set., Damiano (SdD) del Castello, MdC
1710, 18 Ott., Nicola (SdD) Cabañes, MdC
1711, 4 Giu., Siro Bernardino (SdD) da Ticino, MdC
1711, 14 Giu., Agostino (SdD) da Montefortino, MdC
1711, 27 Giu., Pietro Battista (SdD) Gros, MdC
1711, 29 Giu., Francesco dalla Brianza, Condutt., MdC
1711, 8 Ago., Pietro Tommasevic´ da Fojnica, MdC
1714, 11 Ago., Giovanni Marino
1718, 18 Apr., Siro (SdD) da Dorno, MdC
1718, 26 Apr., Casimiro (SdD) Nerlich da Filesca, MdC
1718, 6 Mag., Antonino (SdD) da Rabath, MdC
1718, 12 Mag., Giuseppe Arzi della Concezione
1718, 8 Giu., Giuseppe (SdD) Mazet, MdC
1718, 7 Ott., Antonio di Rosollon
1718, 25 Dic., Tommaso d'Irlanda
1719, 18 Mag., Luca (SdD) Cavallero, MdC
1719, 30 Mag., Antonio (SdD) da Badolato, MdC
1720, 6 Giu., Cherubino (SdD) da Caserta, MdC
1720, 17 Ago., Antonio Rosales
1720, 30 Ago., Damaso (SdD) da Cuneo, MdC
1720, 16 Set., Francesco Antonio (SdD) da Ferrara, MdC
1720, 25 Dic., Francesco (SdD) della Concezione, MdC
1721, 8 Apr., Bonaventura (SdD) da Cremona, MdC
1722, 17 Gen., Giovanni (SdD) Romero
1722, 3 Nov., Giuseppe Maria da Perugia detto da Ripa
1725, 5 Giu., Giuseppe da Narni
1725, 24 Giu., Francesco Romero
1726, 1 Apr., Pacomio (SdD) Meusnier, MdC
1726, 10 Gen., Raffaele (SdD) Ventayol, Proc. T.S.
1726, 7 Ago., Ambrogio Muño, Condutt.
1727, 3 Feb., Giuseppe di S. Giovanni
1727, 29 Nov., Michelangelo da Fucecchio
1728, 9 Giu., Celestino Tieffen da Milano
1728, 28 Set., Giuseppe di S. Croce
1731, 27 Mag., Arcangelo (SdD) da Orsara, MdC
1732, 27 Feb., Francesco (SdD) da Gioiosa, MdC
1732, 4 Mar., Michelangelo (SdD) da Villafalletto, MdC
1732, 19 Mar., Andrea (SdD) da Sanfrè, MdC
1732, 10 Apr., Lorenzo (SdD) Del Rio, MdC
1732, 19 Apr., Remigio (SdD) da Biella, MdC
1732, 10 Mag., Pier Damiano (SdD) da S. Damiano, MdC
1732, 20 Mag., Francesco (SdD) Benito, MdC
1732, 4 Giu., Francesco (SdD) da Siracusa, MdC
1732, 10 Giu., Custode (SdD) degli Angeli, MdC
1732, 7 Lug., Angelo Giuseppe (SdD) da Palermo, MdC
1732, 14 Lug., Gerolamo Maria (SdD) da S. Giovanni Rotondo, MdC
1735, 26 Mag., Costante (SdD) da Cresciano
1735, 8 Giu., Bonaventura (SdD) da Mola, MdC
1735, 11 Giu., Francesco Bernardino (SdD) Scotti da Saluzzo, MdC
1735, 7 Nov., Diego da Gabbiano
1736, 23 Feb., Diego da Roma

1736, 25 Mar., Siro Antonio (SdD) da Ticino, MdC
1741, 29 Giu., Giovanni Giuseppe (SdD) Pedreira, MdC
1741, 11 Lug., Baldassarre (SdD) Martin, MdC
1741, 13 Ago., Giovanni Pietro (SdD) da Penango, MdC
1741, 29 Dic., Paolo (SdD) Koll, MdC
1742, 7 Lug., Nicola (SdD) da Napoli, MdC
1744, 7 Apr., Evangelista (SdD) Micallef, MdC
1748, 27 Giu., Carlo Giacinto da Pavia
1753, 20 Gen., Diego (SdD) Stoppolini da Mombaroccio
1753, 24 set., Michele Acerbi da Bracca
1758, 21 Mar., Prospero Zinelli da Brescia
1760, 17 Mar., Edoardo (SdD) da Alessandria (Piemonte), MdC
1760, 25 Mar., Camillo (SdD) da Conzano, MdC
1760, 27 Apr., Carlo Innocenzo (SdD) Giordano da Cuneo, MdC
1760, 30 Apr., Sigismondo (SdD) da Gualtieri, MdC
1760, 2 Mag., Giovanni (SdD) Riba, MdC
1760, 3 Mag., Giovanni (SdD) Mauleon, MdC
1760, 12 Mag., Secondo Leonardo (SdD) da Suna, MdC
1760, 18 Mag., Michele (SdD) da Sala, MdC
1760, 11 Giu., Bernardino (SdD) da Introdaqua, MdC
1762, 24 Lug., Carlo Maria (SdD) da Montefegatesi, MdC
1763, 11 Set., Raimondo Glosa
1766, 22 Ott., Giovanni Paolo Rossi da Pavia
1768, 7 Mag., Giuseppe (SdD) Dandlau, MdC
1768, 5 Giu., Pasquale Franzoni da Varese, Min. Gen. O.F.M.
1774, 5 Set., Paolo Volpini da Piacenza, Cust. T.S.
1775, 19 Mag., Francesco (SdD) Peralta, M.
1775, 19 Mag., Martino (SdD) Caballero, M.
1776, 26 Lug., Pacifico da Valdagno, Condutt.
1786, 7 Mar., Vincenzo (SdD) Ortolá, MdC
1786, 14 Mar., Filiberto (SdD) Manzone da Fossano, MdC
1786, 14 Mar., Francesco (SdD) Carreras, MdC
1786, 27 Mar., Antonio (SdD) da Pescaglia, MdC
1786, 30 Mar., Bonaventura (SdD) Sanahuja, MdC
1786, 23 Apr., Michele (SdD) Domínguez, MdC
1786, 3 Dic., Reginaldo (SdD) da Atene, MdC
1787, 11 Feb., Pellegrino (SdD) da Massa, MdC
1787, 14 Mar., Pietro Antonio da Grana
1787, 20 Apr., Romualdo (SdD) Blisio da Moncherio, MdC
1787, 9 Mag., Beato (SdD) Cassotti da Berbenno, MdC
1787, 15 Giu., Gilberto (SdD) da Bres, MdC
1789, 14 Feb., Cristoforo Maritati da Treviglio
1790, 12 Lug., Alessandro Maria Montresor da Chievo, Condutt.
1792, 18 Feb., Antonio (SdD) Boadó, MdC
1794, 24 Nov., Antonio Maria Pettenà da Tonezza
1795, 20 Ago., Giovanni Ribera, Proc. T.S.
1796, 22 Apr., Antonio (SdD) da Corpolò, MdC
1797, 15 Mar., Agostino Hitan
1797, 31 Dic., Francesco Galan
1798, 6 Mar., Pasquale de Murtas
1798, 27 Giu., Innocenzo (SdD) da Torre, MdC
1799, 8 Gen., Melchiade (SdD) Filippi da Borgiallo, MdC

1799, 16 Mar., Anonimo Superiore (Acri), M.
1799, 16 Mar., Faustino (SdD) Sinbinelli da Ponte di Legno, M.
1799, 6 Mag., Gioacchino (SdD) Cerdá, MdC
1799, 18 Giu., Agostino (SdD) da Ellera, MdC
1800, 24 Mar., Pietro (SdD) Sanz da Torrija, MdC
1801, 27 Apr., Benedetto (SdD) Paris, MdC
1802, 2 Mag., Carlo Francesco (SdD) da Alessandria (Piemonte), MdC
1806, 23 Giu., Giambattista (SdD) Cortenova da Mandello Lario, Vesc.
1813, 18 Giu., Giovanni (SdD) Gil, MdC
1813, 25 Giu., Giovanni (SdD) dalla Concezione, MdC
1813, 4 Ago., Domenico (SdD) Varela, MdC
1813, 18 Set., Francesco (SdD) López, MdC
1814, 16 Ago., Giuseppe (SdD) Andrés, MdC
1820, 3 Feb., Tommaso D'Ascani
1823, 24 Mag., Pietro Antonio (SdD) da Genova, MdC
1825, 31 Ago., Luigi (Ven.) Esparza
1827, 12 Mag., Giovanni Alonso (SdD) da Yelmo, MdC
1828, 13 Apr., Giuseppe (SdD) della Croce, MdC
1831, 5 Feb., Placido Pardini da Roma
1832, 12 Ago., Andrea (SdD) da Monsano, MdC
1832, 25 Ago., Emidio (SdD) Banti da Fucecchio, MdC
1833, 22 Lug., Alessandro (SdD) Gómez, M.
1833, 22 Lug., Francesco (SdD) Antich, M.
1833, 22 Lug., Isidoro (SdD) Baniuls, Proc. T.S., M.
1833, 22 Lug., Mattia (SdD) Cebrian, M.
1833, 22 Lug., Paolo (SdD) González, M.
1833, 22 Lug., Zaccaria (SdD) Retamero, M.
1834, 18 Gen., Giuseppe Bueno
1834, 15 Apr., Domenico di Maria S.S.ma Addolorata
1834, 18 Giu., Giuseppe (SdD) da Viareggio
1834, 17 Lug., Benito (SdD) Carrera, M.
1834, 17 Lug., Giuseppe (SdD) Villajas, M.
1834, 17 Lug., Pietro (SdD) Rebollo, Condutt., M.
1835, 10 Apr., Vincenzo (SdD) da S. Anastasia, MdC
1835, 7 Mag., Salvatore (SdD) da Avola, MdC
1835, 13 Mag., Annibale (SdD) Oreglia da Bene, MdC
1835, 28 Mag., Gerolamo (SdD) da S. Anatolia, MdC
1839, 20 Apr., Gioacchino (SdD) Busto, MdC
1840, 5 Feb., Tommaso (SdD) da Calangianus, M.
1841, 22 Apr., Giuseppe (SdD) da Villares, MdC
1841, 1 Lug., Antonio (SdD) Isa, MdC
1841, 16 Lug., Cesare (SdD) Ridolfi, MdC
1844, 13 Set., Giovanni Ximenes
1846, 1 Gen., Giuseppe Lamego
1849, 25 Mar., Carlo Maria Lunghi da Brongio Milanese
1850, 13 Dic., Gioacchino Puig
1851, 2 Set., Tommaso da Recanati
1855, 9 Apr., Giuseppe Maria Maniscalco da Alessandria della Rocca, Vesc., Min. Gen. O.F.M.
1855, 20 Giu., Antonio (SdD) Carulli da Orsogna, MdC
1856, 26 Ago., Gabriele da Cortona
1857, 26 Lug., Francesco Trifone López
1859, 3 Gen., Salvatore Antonio Vassallo da Malta, Cust. T.S.
1860, 10 Lug., Carmelo (B.) Bolta, M.

1860, 10 Lug., Emmanuele (B.) Ruiz, M.
1860, 10 Lug., Enghelberto (B.) Kolland, M.
1860, 10 Lug., Francesco (B.) Massabki, M., III Ord.,
1860, 10 Lug., Francesco (B.) Pinazzo d'Arpuentes, M.
1860, 10 Lug., Gian Giacomo (B.) Fernández, M.
1860, 10 Lug., Mooti (B.) Massabki, M., III Ord.,
1860, 10 Lug., Nicanore (B.) Ascanio, M.
1860, 10 Lug., Nicola Maria (B.) Alberca y Torres, M.
1860, 10 Lug., Pietro (B.) Soler, M.
1860, 10 Lug., Raffaele (B.) Massabki, M., III Ord.,
1862, 10 Ago., Fortunato (SdD) da Fano, M.
1863, 5 Nov., Bonaventura da S. Giorgio
1867, 2 Ago., Pompilio da Stanazza, Condutt.
1868, 12 Mar., Samuele (SdD) Cestonaro da Sovizzo, M.
1868, 29 Mar., Giuseppe Maria Rodal
1868, 9 Giu., Paolina (SdD) dei Marchesi Nicolay, V., III Ord.
1868, 15 Nov., Antonio Rodríguez della Trasfigurazione
1869, 29 Apr., Angelo Costés da Portella
1873, 12 Gen., Giacomo Radó
1873, 8 Apr., Sebastiano Vehil, Proc. di T.S.
1875, 23 Gen., Giovanni da Force
1876, 27 Apr., Giacomo da Carini
1876, 7 Giu., Giuseppe Ambrosini da Jesi
1878, 17 Feb., Giuseppe Areso
1878, 26 Ago., Maria (B.) di Gesù Crocifisso, V., III Ord.
1880, 4 Giu., Luigi Michelluci da Nave
1881, 3 Lug., Valentino Rezasco da Vernazza
1881, 10 Ago., Nazzareno Geijerin Oglu
1881, 3 Nov., Alfonso Maria da Lucca
1882, 15 Mar., Lucio Hoyos da Blanca
1883, 10 Gen., Mamerto (SdD) Esquiú, Vesc.
1883, 3 Giu., Salvatore da Carenzano
1883, 30 Lug., Patrizio (SdD) Duggan, MdC
1883, 31 Lug., Raffaele (SdD) Callus da la Valletta, MdC
1883, 22 Ago., Ermenegildo (SdD) Trezza da Ferentino, MdC
1884, 9 Gen., Bernardino Trionfetti da Montefranco, Cust. T.S., Min. Gen. O.F.M., Vesc.
1884, 11 Feb., Giuseppe Carlotti da Calvi
1885, 4 Apr., Isacco Rodríguez da Consuegra
1885, 30 Mar., Ludovico (B.) Palmentieri
1887, 6 Mag., Caterina (B.) Troiani, V., III Ord.
1887, 29 Mag., Enrico Collado da Titijacas
1888, 12 Ago., Davide Farenzena d'Agordo
1888, 20 Nov., Bonaventura Robotti da Solero
1889, 20 Feb., Bernardo da Cappadocia
1890, 22 Gen., Aquilino da Staffolo
1890, 4 Lug., Felice Boldrin da Masi, Condutt.
1890, 18 Nov., Angelo Cattani
1891, 26 Ago., Evaristo El-Hresi da Betlemme
1892, 18 Gen., Rosario da Granmichele
1892, 20 Feb., Sante da Partenico
1892, 26 Feb., Angelo Fanti da Monzuno
1892, 12 Mar., Arcangelo Rocchetti da Montefano
1892, 27 Giu., Pierbattista (SdD) Pieroni da Colle di Compito, MdC
1892, 29 Ago., Filippo Eddaie da Nazaret
1892, 10 Ott., Francesco Giuseppe Costa Major
1893, 19 Mag., Luca Kelnhoffer da Schwaz
1893, 3 Giu., Benigno Dasrenzi da Oliveto
1893, 8 Giu., Isidoro Dorsch
1893, 29 Lug., Paolo Boerkamp
1893, 16 Ott., Agostino Sevillano

1893, 26 Ott., Liberato (SdD) Angoletta, III Ord., M.
1893, 18 Dic., Antonio Di Petrillo da Roccamonfina
1893, 24 Dic., Giuseppe Lorenzo da S. Giorgio di Furco
1894, 17 Gen., Stefano Bassart
1894, 5 Mar., Davide Novaretto da Vigone
1894, 25 Ago., Fedele da Montefalciano
1895, 17 Gen., Mariano Gaspari da Roverè di Velo
1895, 23 Mar., Nazzareno Fedeli da Pistoia
1895, 29 Apr., Bernardo Bellosi da Milano
1895, 7 Mag., Bernardino (Ven.) Dal Vago da Portogruaro, Vesc., Min. Gen. O.F.M.
1895, 22 Nov., Salvatore (B.) Lilli da Cappadocia, M.
1895, 22 Nov., Baldji (B.) Oghlou Ohannes, M.
1895, 22 Nov., David (B.) Oghlou David, M.
1895, 22 Nov., Dimbalac (B.) Oghlou Wartavar, M.
1895, 22 Nov., Geremia (B.) Oghlou Boghos, M.
1895, 22 Nov., Khodianin (B.) Oghlou Kadir, M.
1895, 22 Nov., Kouradji (B.) Oghlou Tzeroum, M.
1895, 22 Nov., Toros (B.) Oghlou David, M.
1896, 11 Feb., Vittore (SdD) Urrutía, M.
1896, 13 Nov., Gioacchino Miñana da Palma
1898, 12 Feb., Raffaele Mosca da Castel d'Emilio
1898, 23 Set., Lavinio Colleman da Hamme
1899, 1 Set., Giovanni da Vicari, III Ord.
1900, 7 Lug., Antonino (S.) Fantosati da Santa Maria in Valle, Vesc. Pellegr., M.
1900, 9 Lug., Gregorio (S.) Grassi da Castellazzo Bormida, Vesc., Pellegr., M.
1901, 4 Nov., Francesco Cola da Roma
1903, 20 Lug., Leone XIII (SdD), Papa, III Ord.
1903, 27 Ott., Giuseppe Serra
1905, 31 Gen., Giuseppe Weiher
1905, 20 Mar., Piergiovanni Bettini
1905, 10 Mag., Giuseppe Aguillo
1908, 28 Gen., Pasquale Visciarelli da Filetto
1909, 19 Apr., Michele De Zio da Ruvo
1913, 8 Lug., Apollinare Bettarel da Fregona, Comm. T.S.
1913, 11 Dic., Marcellino Nobili
1914, 6 Apr., Simone Costés
1916, 7 Mag., Pasquale Boladian da Maraasc
1916, 4 Ago., Federico (B.) Jansoone da Ghyvelde
1917, 4 Gen., Agostino Bouynot
1917, 6 Apr., Patrizio (SdD) Werkley, MdC
1918, 15 Gen., Isidoro Bellomi da Castelcerino
1920, 23 Gen., Alberto (SdD) Amarisse da Cave, M.
1920, 23 Gen., Alfredo (SdD) Dollentz da Magy, M.
1920, 23 Gen., Francesco (SdD) Di Vittorio da Rutigliano, M.
1920, 23 Gen., Stefano (SdD) Jalincatian da Maraasc, M.
1920, 23 Gen., Salvatore (SdD) Sabatini da Pizzoli, M.
1920, 20 Ago., Leopardo (SdD) Bellucci da Osimo, M.
1921, 1 Feb., Giovanni Battista Vañó
1921, 2 Feb., Andrea Carlo (B.) Ferrari, Card., Pellegr., III Ord.
1921, 15 Feb., Giuseppe (SdD) Akillian, III Ord., M.
1921, 21 Set., Vendelino Hinterkeuser da Menden
1923, 29 Set., Barnaba Meistermann (Barnabé d'Alsace)
1924, 9 Apr., Adriano (Ven.) Osmolowsky da Antonowka
1924, 21 Lug., Barnaba Sotiri
1924, 6 Ott., Giuseppe Antonio Schalkhamler
1926, 16 Ago., Pierbattista Margutti

1929, 18 Lug., Aurelio Briante da Buja, Vesc., Cust. T.S.
1931, 1 Giu., Fedele Orsini
1932, 1 Feb., Prospero Maria Viaud
1932, 11 Mag., Materno Muré
1933, 10 Feb., Giulio Valorai
1933, 7 Nov., Bernardino Angiuli
1934, 8 Apr., Sabbatino Del Gaizo
1936, 7 Apr., Raimondo Verdés
1934, 7 Nov., Bernardino Cannone
1935, 27 Mag., Diego Damiani da Conegliano
1936, 24 Lug., Giuseppe (SdD) Roig y Lorca, M.
1936, 9 Ago., Dionisio (SdD) Boix Palanca, Comm. T.S., M.
1936, 16 Ago., Martino (B.) Lozano Tello, M.
1936, 23 Ago., Giovanni Battista Climent (SdD) Gómez, M.
1936, 7 Set., Felice (B.) Gómez Pinto, M.
1936, 21 Set., Giuseppe (B.) Azurmendi Larrínaga, M.
1936, 22 Set., Francesco (B.) Carlés, M.
1936, 22 Set., Ludovico (B.) (Luis) Echevarría Gorostiaga, M.
1936, 13 Nov., Ilarione Nacuzi
1936, 7 Dic., Emmanuele Trigo
1937, 15 Ott., Beniamino Diomede
1938, 16 Ago., Mario Ferretti da Colleamato
1942, 25 Giu., Maria (SdD) della Trinità, V., II Ord.
1942, 25 Nov., Serafino (SdD) Álvarez, MdC
1944, 1 Nov., Agostino Tauro
1944, 28 Nov., Leonardo Maria (SdD) Bello, Min. Gen. O.F.M., Pellegr.
1945, 30 Gen., Fulgenzio Minotte
1945, 19 Feb., Giulio (SdD) Martín García, M.
1946, 3 Gen., Filippo Fuentes
1946, 28 Feb., Ludovico Nardolillo
1948, 30 Mag., Ermete Kohout
1953, 5 Giu., Giancrisostomo Guzzo
1955, 9 Mar., Pasquale Pala, III. Ord.
1957, 26 Ott., Giuseppe Montero, Proc. T.S.
1960, 27 Giu., Ugo Janssen
1961, 13 Nov., Placido Siman
1961, 5 Dic., Pierbattista Nieto
1963, 3 Giu., Giovanni XXIII (S.), Papa, Pellegr., III Ord.
1965, 18 Dic., Domenico Di Marco
1966, 7 Gen., Rainoldo Palmer
1966, 8 Mar., Raffaele Quinn
1966, 26 Mag., Stefano Bizi
1966, 11 Lug., Alessio Kwasnik
1967, 20 Gen., Domenico Antonini
1969, 13 Mar., Sabino Marotta
1970, 30 Ago., Vincenzo Auñon
1971, 4 Feb., Felice Scedian da Mardin
1971, 30 Mar., Amedeo Ceccarelli
1973, 24 Gen., Nazzareno Jacopozzi, Cust. T.S.
1975, 22 Gen., Silvestro Saller
1976, 26 Gen., Gabriele (B.) Allegra
1978, 13 Mag., Giovanni Capistrano Cayer, Vesc.
1978, 6 Ago., Paolo VI (Ven.), Papa, Pellegr., III Ord.
1982, 10 Mar., Emmanuele Carnero
1982, 10 Ago., Romano Vass
1985, 26 Feb., Mariano Redavid
1985, 17 Apr., Fulgenzio Pasini, Vesc.
1990, 28 Lug., Bruno Hebenstreit
1990, 7 Ott., Bellarmino Bagatti
1991, 30 Dic., Luca Domenico Capozi, Vesc.
1992, 24 Apr., Matteo De Benedictis, Economo Custodiale
1994, 31 Dic., Giovanni Maria Briand
1995, 8 Set., Biagio Grassi
1997, 18 Lug., Fiorenzo Riconda
1997, 27 Lug., Luigi Monje
1998, 30 Dic., Serafino Ascolese
1999, 2 Gen., Giovanni Battista D'Amanti
2000, 10 Set., Mariano Farinelli
2003, 19 Gen., Giacinto Maria Faccio
2003, 17 Mar., Pancrazio Donneschi
2003, 23 Set., Giovanni Dowd
2005, 3 Apr., Giovanni Paolo II (S.), Papa, Pellegr.

Indice per categorie

Santi (17)

Martiri (8)

Antonino Fantosati da Santa Maria in Valle, Vesc., Pellegr., † 1900, 7 Lug.
Deodato Aribert da Rodez, † 1391, 14 Nov.
Gerolamo da Weert, † 1572, 9 Lug.
Gregorio Grassi da Castellazzo Bormida, Vesc., Pellegr., † 1900, 9 Lug.
Nicolò Tavelic´ da Sebenico, † 1391, 14 Nov.
Pietro da Narbonne, † 1391, 14 Nov.
Simone da Lypnica, MdC, † 1482, 18 Lug.
Stefano Tornielli da Cuneo, † 1391, 14 Nov.

Confessori (9)

Antonio da Lisbona [detto di Padova], Dott. della Chiesa, Patrono C.T.S., † 1231, 13 Giu.
Brigida di Svezia, III Ord., † 1373, 23 Lug.
Diego da S. Nicolás del Puerto [detto di Alcalá], † 1463, 12 Nov.
Francesco (NSP), Fondatore O.F.M., Pellegr., † 1226, 4 Ott.
Giovanni XXIII, Papa, III Ord., † 1963, 3 Giu.
Giovanni da Capistrano, † 1456, 23 Ott.
Giovanni Paolo II, Papa, † 2005, 3 Apr.
Luigi IX, Re, III Ord., † 1270, 25 Ago.
–
Angela Merici, V., III Ord., Pellegr., † 1540, 27 Gen.

Beati (106)

Martiri (72)

Aldobrandino Ammannati, † 1284, 13 Dic.
Angelo da Spoleto, † 1314, 2 Apr.
Antonio d'Armenia, † 1284, 13 Dic.
Antonio Cantoni da Milano, † 1314, 15 Mar.
Antonio da Rosate Milanese, † 1369, 24 Feb.
Baldji (B.) Oghlou Ohannes, M., † 1895, 22 Nov.
Barbaro d'Assisi, † 1229, 14 Mag.
Carmelo Bolta, † 1860, 10 Lug.
Corrado da Halles, † 1269, 3 Dic.
Damiano da Valencia, † 1533, 2 Ago.
David Oghlou David, M., † 1895, 22 Nov.
Dimbalac Oghlou Wartavar, M., † 1895, 22 Nov.
Demetrio da Tiflis, † 1321, 9 Apr.
Emmanuele Ruiz, † 1860, 10 Lug.
Enghelberto Kolland, † 1860, 10 Lug.
Felice Gómez Pinto, † 1936, 7 Set.
Filippo da Le Puy en Valay, † 1265, 7 Mar.
Francesco d'Alessandria (Piemonte), † 1340, 24 Giu.

Francesco da Borgo S. Sepolcro, † 1314, 15 Mar.
Francesco Carlés, † 1936, 22 Set.
Francesco Massabki, M., III Ord., †1860, 10 Lug.
Francesco da Napoli, † 1358, 4 Apr.
Francesco Pinazzo d'Arpuentes, † 1860, 10 Lug.
Francesco da Pisciotta, † 1520, 7 Dic.
Francesco da Petriolo, † 1314, 15 Mar.
Francesco da Spoleto, † 1288, 1 Gen.
Gentile Finiguerra da Matelica, † 1340, 5 Set.
Geremia da Genova, † 1266, 25 Lug.
Geremia Oghlou Boghos, M., † 1895, 22 Nov.
Giacomo Ciuffagni da Firenze, Vesc., † 1362, 2 Gen.
Giacomo da Le-Puy, † 1266, 25 Lug.
Giacomo di Padova, † 1321, 9 Apr.
Gian Giacomo Fernández, † 1860, 10 Lug.
Giovanni, già Aitone II, Re, † 1308, 18 Nov.
Giovanni dalla Calabria, † 1482, 13 Gen.
Giovanni da Etheo, † 1366, 11 Apr.
Giovanni Kador, † 1382, 2 Dic.
Giovanni da Mantova, † 1557, 6 Dic. (g. inc.)
Giovanni Martinozzi da Montepulciano, † 1345, 15 Apr.
Giovanni da Napoli, † 1370, 12 Lug.
Giovanni Nero, III Ord., † 1340, 24 Giu.
Giuseppe Azurmendi Larrínaga, † 1936, 21 Set.
Gonzalo, † 1363, 16 Mag.
Grifone Slavo, † 1480, 20 Dic.
Guglielmo da Castellamare di Stabia, † 1364, 8 Ago.
Guglielmo Walden, † 1334, 5 Giu.
Khodianin Oghlou Kadir, M., † 1895, 22 Nov.
Kouradji Oghlou Tzeroum, M., † 1895, 22 Nov.
Lavinio dalla Provenza, † 1345, 1 Ago.
Lorenzo d'Alessandria (Piemonte), † 1340, 24 Giu.
Ludovico (Luis) Echevarría Gorostiaga, † 1936, 22 Set.
Martino Lozano Tello, † 1936, 16 Ago.
Monaldo d'Ancona, † 1314, 15 Mar.
Mooti Massabki, M., III Ord., †1860, 10 Lug.
Nicanore Ascanio, † 1860, 10 Lug.
Nicola Maria Alberca y Torres, † 1860, 10 Lug.
Oddino Barotti da Fossano, III Ord., Pellegr., MdC, † 1400, 7 Lug.
Pacifico da Spoleto, † 1402, 8 Set.
Pasquale da Vittoria, † 1340, 24 Giu.
Pietro Martelli, † 1340, 24 Giu.
Pietro da Roma, III Ord., † 1358, 4 Apr.
Pietro da Siena, † 1321, 9 Apr.
Pietro Soler, † 1860, 10 Lug.
Pietro d'Ungheria, † 1314, 1 Ott. (a. inc. - g. inc.)
Raffaele Massabki, M., III Ord., †1860, 10 Lug.
Raimondo Lull, III Ord., † 1316, 29 Giu.
Raimondo Ruffini, † 1340, 24 Giu.
Riccardo di Borgogna, Vesc., † 1340, 24 Giu.
Salvatore Lilli da Cappadocia, † 1895, 22 Nov.
Tommaso da Tolentino, † 1321, 9 Apr.
Toros Oghlou David, M., † 1895, 22 Nov.

–

Lucia, V., M., II Ord., † 1289, 3 Ago. (g. inc.)

Confessori (34)

Alberto Bertini da Sarteano, † 1450, 15 Ago.
Andrea Carlo Ferrari, Card. Pellegr., III Ord., † 1921, 2 Feb.
Antonio d'Alessandria (Piemonte), † 1363, 15 Mar.
Antonio Bonfadini da Ferrara, † 1482, 1 Dic.
Bartolomeo Lippi da Colle, † 1478, 15 Mar.

Cesario da Spira, † 1239, 1 Apr.
Egidio d'Assisi, † 1262, 23 Apr.
Ercolano da Piagale, † 1451, 28 Mag.
Federico Jansoone da Ghyvelde, † 1916, 4 Ago.
Fidenzio da Padova, † 1295, 31 Gen. (a. inc. - g. inc.)
Gabriele Allegra, † 1976, 26 Gen.
Gaspare da Barga, † 1500, 3 Apr. (a. inc.)
Gerardo Mecatti da Villamagna, III Ord., † 1276, 25 Mag.
Giacomo da Porta, † 1356, 21 Giu.
Giovanni Buralli da Parma, † 1289, 19 Mar.
Giovanni Ristori, † 1402, 15 Feb.
Guiscardo dei Guiscardi da Cremona, Vesc. M., † 1289, 26 Apr. (g. inc.)
Illuminato da Rieti, † 1266, 5 Mag.
Leonardo d'Assisi, † 1230, 2 Giu. (a. inc.)
Ludovico Palmentieri, † 1885, 30 Mar.
Melchiorre Flavio da Albi, † 1570, 17 Mar. (a. inc.)
Michele Carcano da Milano, † 1484, 20 Mar.
Nicolò da Monte Corvino, † 1358, 4 Apr.
Nicolò de Romanis da Osimo, † 1453, 23 Feb.
Odorico Mattiussi da Pordenone, † 1331, 14 Gen.
Pellegrino da Falerone, † 1233, 5 Set.
Pietro Cattani, † 1221, 10 Mar.
Pietro da Santojo, † 1431, 7 Apr.
Tommaso Bellacci da Firenze, † 1447, 31 Ott.
Ugo da Prato detto Panciera, † 1312, 5 Mar.

–

Caterina Troiani, V., III Ord., † 1887, 6 Mag.
Maria di Gesù Crocifisso, V., III Ord., † 1878, 26 Ago.
Michelina Metelli-Malatesta da Pesaro, III Ord., † 1356, 19 Giu.
Sira, III Ord., † 1356, 31 Dic. (a. inc.)

Venerabili (7)

Martiri (1)

Maria delle Cinque Piaghe, III Ord., MdC, † 1670, 5 Set.

Confessori (6)

Adriano Osmolowsky da Antonowka, † 1924, 9 Apr.
Bernardino Caimi da Milano, † 1500, 9 Feb.
Bernardino Dal Vago da Portogruaro, Vesc., Min. Gen. O.F.M., † 1895, 7 Mag.
Luigi Esparza, † 1825, 31 Ago.
Paolo VI, Papa, Pellegr., III Ord., † 1978, 6 Ago.
Pietro Esteve Puig, Comm. T.S., † 1658, 3 Nov.

Servi di Dio (c. 400)

Martiri (c. 250)

Alberto Amarisse da Cave, † 1920, 23 Gen.
Alessandro Gómez, † 1833, 22 Lug.
Alessandro dalla Puglia, † 1552, 28 Lug.
Alfredo Dollentz da Magy, † 1920, 23 Gen.
Anonimi, 14 Frati Minori (Acri), † 1291, 18 Mag.
Anonimi Frati Minori (Arsuf), † 1263, 4 Dic.
Anonimi Frati Minori (Cipro), † 1400, 26 Giu. (g. inc.)
Anonimi Frati Minori (Cipro), † 1415, 28 Giu. (a. inc. - g. inc.)
Anonimi Frati Minori (Cipro), † 1426, 30 Giu. (a. inc.)
Anonimi, 25 Frati Minori (Cipro), † 1426, 22 Ago. (g. inc.)
Anonimi Frati Minori (Cipro), † 1570/71, 9 Set.
Anonimi, 2 Frati Minori (Creta), † 1560, 1 Set.
Anonimi, 16 Frati Minori (Damasco), † 1365/1370, 16 Feb. (g. inc.)
Anonimi, 7 Frati Minori (Damasco), † 1537/1540, 14 Lug. (g. inc.)

Anonimi Frati Minori (Egitto), † 1446, 21 Mag. (g. inc.)
Anonimi Frati Minori (Gerusalemme), † 1446, 21 Mag. (g. inc.)
Anonimi Frati Minori (Gerusalemme), † 1520, 21 Feb. (a. inc. - g. inc.)
Anonimi Frati Minori (Montagna Nera), † 1268, 18 Mag.
Anonimi Frati Minori (Nazaret), † 1547, 16 Dic. (a. inc.)
Anonimi Frati Minori (Terra Santa), † 1269, 3 Dic.
Anonimi, 7 Frati Minori (Safed), † 1266, 25 Lug.
Anonimi Frati Minori col loro Superiore (Tripoli), † 1289, 26 Apr.
Anonimi, 2 Frati Minori Cappuccini, † 1577, 7 Nov.
Anonimi Protomartiri di Gerusalemme e Terra Santa, † 1244, 30 Nov. (g. inc.)
Anonimo Frate Minore (Gerusalemme), † 1482, 24 Ago.
Anonimo Superiore (Acri), † 1799, 16 Mar.
Antonio da Pescopagano, † 1648, 25 Mar.
Battista, Proc. T.S., † 1537/1540, 14 Lug. (g. inc.)
Benedetto da Bassano Veneto, † 1640, 14 Gen.
Benito Carrera, 1834, 17 Lug.
Bonaventura da Colonnella, † 1609, 30 Dic.
Cosma Ruiz di S. Damiano, † 1597, 15 Ago.
Diego da Pomarico, † 1693, 17 Lug. (g. inc.)
Diego Stoppolini da Mombaroccio, † 1753, 20 Gen.
Dionisio Boix Palanca, Comm. T.S., † 1936, 9 Ago.
Evangelista da Calvello, † 1560, 19 Nov. (a. inc. - g. inc.)
Faustino Sinbinelli da Ponte di Legno, † 1799, 16 Mar.
Felice da S. Severino, † 1648, 25 Mar.
Fortunato da Fano, † 1862, 10 Ago.
Francesco Antich, † 1833, 22 Lug.
Francesco Di Vittorio da Rutigliano, † 1920, 23 Gen.
Francesco da Mistretta, † 1668, 27 Mar.
Francesco Peralta, † 1775, 19 Mag.
Francesco Clemente da Semur, † 1703, 17 Mag.
Ginepro dalla Sicilia, † 1557, 23 Feb.
Giovanni da Damasco, III Ord., † 1347, 20 Gen. (g. inc.)
Giovanni da Viggiano, † 1560, 19 Nov. (a. inc. - g. inc.)
Giovanni Zuase da Medina del Campo, † 1551, 4 Gen.
Giovanni Battista Climent Gómez, † 1936, 23 Ago.
Giuseppe Akillian, III Ord., † 1921, 15 Feb.
Giuseppe da Atina, † 1648, 25 Mar.
Giuseppe Roig y Lorca, † 1936, 24 Lug.
Giuseppe Villajas, † 1834, 17 Lug.
Innocenzo Bizzarri da Roma, † 1662, 19 Feb.
Isidoro Baniuls, Proc. T.S., † 1833, 22 Lug.
Giulio Martín García, † 1945, 19 Feb.
Leopardo Bellucci da Osimo, † 1920,, 20 Ago.
Liberato Angoletta, III Ord., † 1893, 26 Ott.
Ludovico da Laurenzana, † 1668, 27 Mar.
Martino Caballero, † 1775, 19 Mag.
Mattia Cebrian, † 1833, 22 Lug.
Paolo González, † 1833, 22 Lug.
Pietro Rebollo, Condutt., 1834, 17 Lug.
Salvatore Sabatini da Pizzoli, † 1920, 23 Gen.
Samuele Cestonaro da Sovizzo, † 1868, 12 Mar.
Stefano Jalincatian da Maraasc, † 1920, 23 Gen.
Tommaso da Calangianus, † 1840, 5 Feb.
Vincenzo da Stigliano, † 1560, 19 Nov. (a. inc. - g. inc.)

Vittore Urrutía, † 1896, 11 Feb.
Zaccaria Retamero, † 1833, 22 Lug.
–
Anonime, 74 Clarisse (Acri), II Ord., † 1291, 18 Mag.
Anonime Clarisse (Tripoli), II Ord., † 1289, 3 Ago. (g. inc.)
Maria da Coimbra, III Ord., † 1582, 4 Apr.

Martiri della Carità (135)
Agostino da Ellera, † 1799, 18 Giu.
Agostino da Montefortino, † 1711, 14 Giu.
Andrea da Monsano, † 1832, 12 Ago.
Andrea da Sanfrè, † 1732, 19 Mar.
Angelo Giuseppe da Palermo, † 1732, 7 Lug.
Annibale Oreglia da Bene, † 1835, 13 Mag.
Anselmo Ruskovic, † 1670, 9 Set.
Antonino da Rabath, † 1718, 6 Mag.
Antonio Boadó, † 1792, 18 Feb.
Antonio da Badolato, † 1719, 30 Mag.
Antonio Carulli da Orsogna, † 1855, 20 Giu.
Antonio da Corpolò, † 1796, 22 Apr.
Antonio Isa, † 1841, 1 Lug.
Antonio da Pescaglia, † 1786, 27 Mar.
Arcangelo da Orsara, † 1731, 27 Mag.
Baldassarre Martin, † 1741, 11 Lug.
Beato Cassotti da Berbenno, † 1787, 9 Mag.
Benedetto Paris, † 1801, 27 Apr.
Berardo Coreau, † 1686, 26 Mag.
Berardo Dapin, † 1647, 27 Apr.
Bernardino da Introdaqua, † 1760, 11 Giu.
Bonaventura da Cremona, † 1721, 8 Apr.
Bonaventura da Mola, † 1735, 8 Giu.
Bonaventura Sanahuja, † 1786, 30 Mar.
Camillo da Conzano, † 1760, 25 Mar.
Carlo Zappa da Rezzonico, † 1671, 16 Mag.
Carlo Francesco da Alessandria (Piemonte), † 1802, 2 Mag.
Carlo Innocenzo Giordano da Cuneo, † 1760, 27 Apr.
Carlo Maria da Montefegatesi, † 1762, 24 Lug.
Casimiro Nerlich da Filesca, † 1718, 26 Apr.
Cesare Ridolfi, † 1841, 16 Lug.
Cherubino da Caserta, † 1720, 6 Giu.
Claudio da Campoloro, † 1669, 23 Giu.
Claudio Jarier, † 1653, 18 Mar.
Clemente da Caltanissetta, † 1693, 27 Apr.
Costante da Cresciano, † 1735, 26 Mag.
Cristoforo Lodoi, † 1702, 24 Nov.
Custode degli Angeli, † 1732, 10 Giu.
Damaso Alonso, † 1693, 13 Apr.
Damaso da Cuneo, † 1720, 30 Ago.
Damiano del Castello, † 1710, 10 Set.
Diego da Castelvetrano, † 1702, 18 Lug.
Diego López da Bazain, Pellegr., † 1670, 15 Ago.
Diego Muñarez, † 1693, 20 Apr.
Domenico Varela, † 1813, 4 Ago.
Edoardo da Alessandria (Piemonte), † 1760, 17 Mar.
Emidio Banti da Fucecchio, † 1832, 25 Ago.
Ermenegildo Trezza da Ferentino, † 1883, 22 Ago.
Evangelista Micallef, † 1744, 7 Apr.
Filiberto Manzone da Fossano, † 1786, 14 Mar.
Filippo da Cinquefrondi, † 1693, 5 Apr.
Francesco Benito, † 1732, 20 Mag.
Francesco dalla Brianza, Condutt., † 1711, 29 Giu.
Francesco Carreras, † 1786, 14 Mar.
Francesco da Castello, † 1693, 16 Apr.
Francesco della Concezione, † 1720, 25 Dic.
Francesco da Gioiosa, † 1732, 27 Feb.
Francesco Jordá, † 1693, 5 Mag.
Francesco López, † 1813, 18 Set.
Francesco da Siracusa, † 1732, 4 Giu.

Francesco Antonio da Ferrara, † 1720, 16 Set.
Francesco Bernardino Scotti da Saluzzo, † 1735, 11 Giu.
Gabriele Corneille da Le Mans, † 1627, 12 Ott.
Gerolamo da Padula, † 1670, 12 Set.
Gerolamo di Piana, † 1681, 23 Mag.
Gerolamo da S. Anatolia, † 1835, 28 Mag.
Gerolamo Maria da S. Giovanni Rotondo, † 1732, 14 Lug.
Gilberto da Bres, † 1787, 15 Giu.
Gioacchino Busto, † 1839, 20 Apr.
Gioacchino Cerdá, † 1799, 6 Mag.
Giovanni Belín, † 1702, 25 Nov.
Giovanni Benito, † 1703, 5 Mag.
Giovanni dalla Concezione, † 1813, 25 Giu.
Giovanni della Croce, † 1693, 16 Apr.
Giovanni Gil, † 1813, 18 Giu.
Giovanni Mauleon, † 1760, 3 Mag.
Giovanni Riba, † 1760, 2 Mag.
Giovanni Alonso da Yelmo, † 1827, 12 Mag.
Giovanni Battista da Torino, † 1710, 24 Ago.
Giovanni Giuseppe Pedreira, † 1741, 29 Giu.
Giovanni Pietro da Penango, † 1741, 13 Ago.
Giuseppe Andrés, † 1814, 16 Ago.
Giuseppe Brandes, † 1670, 25 Lug.
Giuseppe della Croce, † 1828, 13 Apr.
Giuseppe Dandlau, † 1768, 7 Mag.
Giuseppe da Malta, † 1670, 25 Ago.
Giuseppe Mazet, † 1718, 8 Giu.
Giuseppe da Rabath, † 1670, 25 Lug.
Giuseppe Rol, † 1693, 20 Mag.
Giuseppe da Viareggio, † 1834, 18 Giu.
Giuseppe da Villares, † 1841, 22 Apr.
Innocenzo da Torre, † 1798, 27 Giu.
Ludovico De Giovanni da Ospedaletto, † 1670, 19 Ago.
Lorenzo Del Rio, † 1732, 10 Apr.
Luca Cavallero, † 1719, 18 Mag.
Masseo da Valdagno, † 1681, 5 Dic.
Melchiade Filippi da Borgiallo, † 1799, 8 Gen.
Michelangelo Chircop da Malta, † 1693, 26 Mag.
Michelangelo da Villafalletto, † 1732, 4 Mar.
Michele Domínguez, † 1786, 23 Apr.
Michele da Sala, † 1760, 18 Mag.
Nicola Cabañes, † 1710, 18 Ott.
Nicola da Napoli, † 1742, 7 Lug.
[Oddino (B.) Barotti da Fossano, III Ord., Pellegr., MdC, † 1400, 7 Lug.]
Pacomio Meusnier, † 1726, 1 Apr.
Paolo Koll, † 1741, 29 Dic.
Patrizio Duggan, † 1883, 30 Lug.
Patrizio Werkley, † 1917, 6 Apr.
Pellegrino da Massa, † 1787, 11 Feb.
Pierbattista Pieroni da Colle di Compito, † 1892, 27 Giu.
Pier Damiano da S. Damiano, † 1732, 10 Mag.
Pietro Alexandre, † 1670, 10 Ago.
Pietro Coll, † 1692, 6 Giu.
Pietro Mariette, † 1626, 1 Mag.
Pietro Sanz da Torrija, † 1800, 24 Mar.
Pietro da Ticino (Pavia), † 1671, 18 Giu.
Pietro Antonio da Genova, † 1823, 24 Mag.
Pietro Battista Gros, † 1711, 27 Giu.
Pietro Tommasevic´ da Fojnica, † 1711, 8 Ago.
Placido Bertoglio da Varallo Sesia, † 1670, 19 Lug.
Raffaele Callus da la Valletta, † 1883, 31 Lug.
Reginaldo da Atene, † 1786, 3 Dic.
Remigio da Biella, † 1732, 19 Apr.
Rocco della Normandia, III Ord. Reg., † 1702, 14 Mag.
Romualdo Blisio da Moncherio, † 1787, 20 Apr.
Salvatore da Avola, † 1835, 7 Mag.
Secondo Leonardo da Suna, † 1760, 12 Mag.

Serafino Álvarez, † 1942, 25 Nov.
Sigismondo da Gualtieri, † 1760, 30 Apr.
Siro da Dorno, † 1718, 18 Apr.
Siro Antonio da Ticino, † 1736, 25 Mar.
Siro Bernardino da Ticino, † 1711, 4 Giu.
Tommaso di S. Giovanni, † 1671, 24 Set.
Vincenzo Ortolá, † 1786, 7 Mar.
Vincenzo da S. Anastasia, † 1835, 10 Apr.
–
[Maria (Ven.) delle Cinque Piaghe, III Ord., † 1670, 5 Set.]

Confessori (13)
Anselmo da Mantova, † 1623, 21 Ago.
Diego di S. Giorgio, † 1696, 18 Gen.
Giambattista Cortenova da Mandello Lario, Vesc., † 1806, 23 Giu.
Giovanni Romero, † 1722, 17 Gen.
Isidoro da Oggiono, Pres. Cust., † 1677, 8 Gen.
Leonardo Maria Bello, Min. Gen. O.F.M., Pellegr., † 1944, 28 Nov.
Leone XIII, Papa, III Ord., † 1903, 20 Lug.
Mamerto Esquiú, Vesc., † 1883, 10 Gen.
Raffaele Ventayol, Proc. T.S., † 1726, 10 Gen.
Sabbatino da Assisi, † 1251, 2 Feb.
–
Isabella la Cattolica, Regina, III Ord., † 1504, 26 Nov.
Maria della Trinità, V., II Ord., † 1942, 25 Giu.
Paolina dei Marchesi Nicolay, V., III Ord., † 1868, 9 Giu.

Beati dell'Ordine Francescano (16)

Adamo da Durazzo, Vesc., † 1363, 31 Lug.
Adamo, † 1345, 25 Ott. (a. inc.)
Andrea Grieff da Kortryk (Grifone da Courtray), † 1475, 18 Lug.
Benedetto Sinigardi da Arezzo, † 1282, 1 Set. (a. inc.)
Bonaventura Brochart, † 1536, 6 Giu.
Cristoforo Piccinelli da Varese, † 1491, 26 Set.
Francesco Trivulzio da Milano, Pellegr., † 1494, 18 Set.
Gerardo Boccabadati da Modena, † 1251, 25 Ago.
Giacomo Magnavacca da Alessandria (Piemonte), Cust. T.S., † 1478, 18 Feb.
Giorgio Albanese, † 1500, 13 Giu. (a. inc.)
Guglielmo Cordelle, † 1244, 28 Feb. (a. inc. - g. inc.)
Ludovico di Barga, † 1477, 28 Dic. (a. inc.)
Tommaso da Norcia, Cust. T.S., † 1540, 5 Lug.
–
Ortolana II Ord., † 1253, 2 Gen.
Pica, III Ord., † 1236, 1 Apr.
Sancia (Chiara) di Mallorca, Regina, II Ord., † 1345, 28 Lug.

Altri servi di Dio (228)

Agostino Bouynot, † 1917, 4 Gen.
Agostino Hitan, † 1797, 15 Mar.
Agostino Sevillano, † 1893, 16 Ott.
Agostino Tauro, † 1944, 1 Nov.
Alessandro Maria Montresor da Chievo, Condutt., † 1790, 12 Lug.
Alessio Kwasnik, † 1966, 11 Lug.
Alfonso Maria da Lucca, † 1881, 3 Nov.
Ambrogio Muño, Condutt., † 1726, 7 Ago.
Ambrogio da Sassano, † 1669, 28 Ago.
Amedeo Ceccarelli, † 1971, 30 Mar.
Angelo Cattani, † 1890, 18 Nov.
Angelo Costés da Portella, † 1869, 29 Apr.
Angelo Fanti da Monzuno, † 1892, 26 Feb.
Anonimi, 2 Frati Minori (Siria), † 1250, 27 Set. (a. inc.)
Anonimo Frate Minore (Roma), † 1500, 6 Gen. (a. inc. - g. inc.)
Anselmo da Mantova, † 1524, 12 Feb.
Antonio, † 1619, 19 Ott.

Antonio del Buon Successo, Proc. T.S., † 1655, 9 Ott.
Antonio Di Petrillo da Roccamonfina, † 1893, 18 Dic.
Antonio Rodríguez della Trasfigurazione, † 1868, 15 Nov.
Antonio Rosales, † 1720, 17 Ago.
Antonio di Rosollon, † 1718, 7 Ott.
Antonio Maria Pettenà da Tonezza, † 1794, 24 Nov.
Apollinare Bettarel da Fregona, Comm. T.S., † 1913, 8 Lug.
Aquilino da Staffolo, † 1890, 22 Gen.
Arcangelo Rocchetti da Montefano, † 1892, 12 Mar.
Aurelio Briante da Buja, Vesc., Cust. T.S., † 1929, 18 Lug.
Barnaba Meistermann (Barnabé d'Alsace), † 1923, 29 Set.
Barnaba Sotiri, † 1924, 21 Lug.
Bellarmino Bagatti, † 1990, 7 Ott.
Beniamino Diomede, † 1937, 15 Ott.
Benigno da Brescia, † 1645, 17 Nov.
Benigno Dasrenzi da Oliveto, † 1893, 3 Giu.
Bernardino Angiuli, † 1933, 7 Nov.
Bernardino Cannone, † 1934, 7 Nov.
Bernardino Trionfetti da Montefranco, Cust. T.S., Min. Gen. O.F.M., Vesc., † 1884, 9 Gen.
Bernardo Bellosi da Milano, † 1895, 29 Apr.
Bernardo da Cappadocia, † 1889, 20 Feb.
Biagio Grassi, † 1995, 8 Set.
Bonaventura Robotti da Solero, † 1888, 20 Nov.
Bonaventura da S. Giorgio, † 1863, 5 Nov.
Bruno Hebenstreit, † 1990, 28 Lug.
Carlo Francesco Morandi da Milano, † 1682, 14 Ott.
Carlo Giacinto da Pavia, † 1748, 27 Giu.
Carlo Maria Lunghi da Brongio Milanese, † 1849, 25 Mar.
Celestino Tieffen da Milano, † 1728,, 9 Giu.
Claudio Gavazzi da Lodi, Cust. T.S., † 1674, 14 Giu.
Claudio Quaresmi da Lodi, † 1625 , 16 Apr.
Clemente VI, Papa, † 1352, 6 Dic.
Crisostomo da Malta, † 1670, 22 Nov.
Cristoforo Maritati da Treviglio, † 1789, 14 Feb.
Davide Farenzena d'Agordo, † 1888, 12 Ago.
Davide Novaretto da Vigone, † 1894, 5 Mar.
Diego Damiani da Conegliano, † 1935, 27 Mag.
Diego da Gabbiano, † 1735, 7 Nov.
Diego da Roma, † 1736, 23 Feb.
Dionisio Savorniano da Udine, Cust. T.S., † 1547, 19 Lug.
Domenico Antonini, † 1967, 20 Gen.
Domenico Di Marco, † 1965, 18 Dic.
Domenico Lardizaval, Proc. T.S., † 1697, 16 Nov.
Domenico di Maria S.S.ma Addolorata, † 1834, 15 Apr.
Edoardo Micheli da Gandino, † 1631, 16 Giu.
Eletto Zwinner, † 1668, 21 Apr.
Emmanuele Carnero, † 1982, 10 Mar.
Emmanuele Mandiguzia, † 1696, 8 Apr.
Emmanuele Trigo, † 1936, 7 Dic.
Enrico Collado da Titijacas, † 1887, 29 Mag.
Enrico II (b.) di Lusignano, Re, † 1324, 17 Set.
Ermete Kohout, † 1948, 30 Mag.
Eusebio Zerboni da Velles, Cust. T.S., † 1662, 17 Mag.
Evangelista da Gabbiano, Cust. T.S., † 1618, 22 Lug.
Evaristo El-Hresi da Betlemme, † 1891, 26 Ago.
Fedele da Montefalciano, † 1894, 25 Ago.
Fedele Orsini, † 1931, 1 Giu.
Felice Boldrin da Masi, Condutt., † 1890, 4 Lug.

Felice Scedian da Mardin, † 1971, 4 Feb.
Filippo Eddaie da Nazaret, † 1892, 29 Ago.
Filippo Fuentes, † 1946, 3 Gen.
Fiorenzo Riconda, † 1997, 18 Lug.
Francesco Begges, † 1668, 31 Gen.
Francesco Cola da Roma, † 1901, 4 Nov.
Francesco Galan, † 1797, 31 Dic.
Francesco da Laurino, † 1655, 26 Lug.
Francesco Quaresmi da Lodi, † 1656, 20 Ott.
Francesco Romero, † 1725, 24 Giu.
Francesco da Venezia, Comm. T.S., † 1651, 17 Set.
Francesco Giuseppe Costa Major, † 1892, 10 Ott.
Francesco Trifone López, † 1857, 26 Lug.
Fulgenzio Minotte, † 1945, 30 Gen.
Fulgenzio Pasini, Vesc., † 1985, 17 Apr.
Gabriele da Cortona, † 1856, 26 Ago.
Gaudenzio Saibanti da Verona, Cust. T.S., † 1612, 1 Ago.
Gerolamo da Codogno, † 1702, 17 Lug.
Gerolamo da Legnano, † 1656, 22 Set.
Giacinto Maria Faccio, † 2003, 19 Gen.
Giacomo da Carini, † 1876, 27 Apr.
Giacomo Radó, † 1873, 12 Gen.
Giancrisostomo Guzzo, † 1953, 5 Giu.
Gianfrancesco Morganti da Arzignano, Cust. T.S., † 1598, 12 Apr.
Gioacchino Miñana da Palma, † 1896, 13 Nov.
Gioacchino Puig, † 1850, 13 Dic.
Giovanni Andrés, † 1700, 29 Dic.
Giovanni Dowd, † 2003, 23 Set.
Giovanni da Force, † 1875, 23 Gen.
Giovanni di Góngora da Carmona, † 1578, 2 Lug.
Giovanni Marino, † 1714, 11 Ago.
Giovanni Ribera, Proc. T.S., † 1795, 20 Ago.
Giovanni di S. Diego, † 1670, 3 Mag.
Giovanni da Vicari, III Ord., † 1899, 1 Set.
Giovanni Ximenes, † 1844, 13 Set.
Giovanni Battista D'Amanti, † 1999, 2 Gen.
Giovanni Battista da Nicosia Sicula, † 1695, 10 Mar.
Giovanni Battista da Pietrabruna, † 1670, 6 Ago.
Giovanni Battista Vañó, † 1921, 1 Feb.
Giovanni Capistrano Cayer, Vesc., † 1978, 13 Mag.
Giovanni Maria Briand, † 1994, 31 Dic.
Giovanni Paolo Rossi da Pavia, † 1766, 22 Ott.
Giulio Valorai, † 1933, 10 Feb.
Giulio da Venezia, Condutt., † 1671, 4 Nov.
Giuseppe Aguillo, † 1905, 10 Mag.
Giuseppe Ambrosini da Jesi, † 1876, 7 Giu.
Giuseppe Areso, † 1878, 17 Feb.
Giuseppe Arzi della Concezione, † 1718, 12 Mag.
Giuseppe Bueno, † 1834, 18 Gen.
Giuseppe Carlotti da Calvi, † 1884, 11 Feb.
Giuseppe Lamego, † 1846, 1 Gen.
Giuseppe da Lovere, † 1673, 14 Nov.
Giuseppe Montero, Proc. T.S., † 1957, 26 Ott.
Giuseppe da Narni, † 1725, 5 Giu.
Giuseppe di S. Croce, † 1728, 28 Set.
Giuseppe di S. Giovanni, † 1727, 3 Feb.
Giuseppe Serra, † 1903, 27 Ott.
Giuseppe Weiher, † 1905, 31 Gen.
Giuseppe Antonio Schalkhamler, † 1924, 6 Ott.
Giuseppe Lorenzo da S. Giorgio di Furco, † 1893, 24 Dic.
Giuseppe Maria Maniscalco da Alessandria della Rocca, Vesc., Min. Gen. O.F.M., † 1855, 9 Apr.
Giuseppe Maria da Perugia detto da Ripa, † 1722, 3 Nov.
Giuseppe Maria Rodal, † 1868, 29 Mar.
Horberto Krilsrahs, † 1670, 15 Gen.

Ignazio da Monte di Malo, † 1686, 24 Giu.
Ilarione Nacuzi, † 1936, 13 Nov.
Isacco Rodríguez da Consuegra, † 1885, 4 Apr.
Isidoro Bellomi da Castelcerino, † 1918, 15 Gen.
Isidoro Dorsch, † 1893, 8 Giu.
Lamberto Benoist, † 1665, 20 Ago.
Lavinio Colleman da Hamme, † 1898, 23 Set.
Lorenzo da Monte Acuto, † 1670, 2 Mag.
Luca Kelnhoffer da Schwaz, † 1893, 19 Mag.
Luca Domenico Capozi, Vesc., † 1991, 30 Dic.
Luciano da Siracusa, † 1696, 29 Set.
Lucio Hoyos da Blanca, † 1882, 15 Mar.
Ludovico da Benevento, † 1699, 10 Ott.
Ludovico Nardolillo, † 1946, 28 Feb.
Luigi, † 1619, 19 Ott.
Luigi Michelluci da Nave, † 1880, 4 Giu.
Luigi Monje, † 1997, 27 Lug.
Mansueto da Gelbio, † 1669, 3 Ott.
Marcellino Nobili, † 1913, 11 Dic.
Mariano Farinelli, † 2000, 10 Set.
Mariano Gaspari da Roverè di Velo, † 1895, 17 Gen.
Mariano Redavid, † 1985, 26 Feb.
Mario Ferretti da Colleamato, † 1938, 16 Ago.
Martino de Urreta, † 1683, 3 Set.
Materno Muré, † 1932, 11 Mag.
Matteo De Benedictis, Economo Custodiale, † 1992, 24 Apr.
Maurizio da Epidauro, † 1655, 14 Set.
Mauro Antonio dal Portogallo, † 1701, 20 Set.
Michelangelo da Fucecchio, † 1727, 29 Nov.
Michele Acerbi da Bracca, † 1753, 24 Set.
Michele De Zio da Ruvo, † 1909, 19 Apr.
Nazzareno Fedeli da Pistoia, † 1895, 23 Mar.
Nazzareno Geijerin Oglu, † 1881, 10 Ago.
Nazzareno Jacopozzi, Cust. T.S., † 1973, 24 Gen.
Nicolò Payi da Gand, Pellegr., † 1669, 2 Ago.
Pacifico Krengel, † 1676, 19 Nov.
Pacifico da Valdagno, Condutt., † 1776, 26 Lug.
Pancrazio Donneschi, † 2003, 17 Mar.
Paolo Boerkamp, † 1893, 29 Lug.
Paolo di Pannonia, † 1702, 23 Ott.
Paolo Volpini da Piacenza, Cust. T.S., † 1774, 5 Set.
Pasquale Boladian da Maraasc, † 1916, 7 Mag.
Pasquale Franzoni da Varese, Min. Gen. O.F.M., † 1768, 5 Giu.
Pasquale de Murtas, † 1798, 6 Mar.
Pasquale Pala, III. Ord., † 1955, 9 Mar.
Pasquale Visciarelli da Filetto, † 1908, 28 Gen.
Pierbattista Margutti, † 1926, 16 Ago.
Pierbattista Nieto, † 1961, 5 Dic.
Piergiovanni Bettini, † 1905, 20 Mar.
Pietro Fardé da Gand, † 1691, 19 Giu.
Pietro Antonio da Grana, † 1787, 14 Mar.
Pietro Antonio Grassi da Cantù, Cust. T.S., † 1685, 19 Gen.
Pietro Matteo de Lara Barnuevo, † 1671, 21 Set.
Placido Pardini da Roma, † 1831, 5 Feb.
Placido Siman, † 1961, 13 Nov.
Pompilio da Stanazza, Condutt., † 1867, 2 Ago.
Prospero Zinelli da Brescia, † 1758, 21 Mar.
Prospero Maria Viaud, † 1932, 1 Feb.
Raffaele Mosca da Castel d'Emilio, † 1898, 12 Feb.
Raffaele Quinn, † 1966, 8 Mar.
Raimondo Glosa, † 1763, 11 Set.
Raimondo Verdés, † 1936, 7 Apr.
Rainoldo Palmer, † 1966, 7 Gen.
Romano Vass, † 1982, 10 Ago.
Rosario da Granmichele, † 1892, 18 Gen.

Sabbatino Del Gaizo, † 1934, 8 Apr.
Sabino Marotta, † 1969, 13 Mar.
Salvatore da Carenzano, † 1883, 3 Giu.
Salvatore Vannoti, † 1656, 2 Ott.
Salvatore Antonio Vassallo da Malta, Cust. T.S., † 1859, 3 Gen.
Sante da Partenico, † 1892, 20 Feb.
Sebastiano Vehil, Proc. di T.S., † 1873, 8 Apr.
Serafino Ascolese, † 1998, 30 Dic.
Serafino da Novara, † 1667, 3 Mag.
Silvestro Saller, † 1975, 22 Gen.
Simone Biscaglino, † 1656, 18 Set.
Simone Costés, † 1914, 6 Apr.
Stefano Bassart, † 1894, 17 Gen.
Stefano Bizi, † 1966, 26 Mag.
Stefano Ricci da Dongo, † 1638, 26 Dic.
Tommaso D'Ascani, † 1820, 3 Feb.
Tommaso d'Irlanda, † 1718, 25 Dic.
Tommaso Obicini da Nonio [detto da Novara], Cust. T.S., † 1632, 7 Nov.
Tommaso da Recanati, † 1851, 2 Set.
Ugo Janssen, † 1960, 27 Giu.
Valentino Rezasco da Vernazza, † 1881, 3 Lug.
Vendelino Hinterkeuser da Menden, † 1921, 21 Set.
Vincenzo Auñon, † 1970, 30 Ago.
–
Maddalena, V., III Ord., † 1563, 22 Lug.

Indice generale

Introduzione 5
Bibliografia 7
Abbreviazioni e sigle 7

Gennaio 9
Febbraio 21
Marzo 31
Aprile 43
Maggio 57
Giugno 71
Luglio 85
Agosto 99
Settembre 111
Ottobre 121
Novembre 129
Dicembre 139

Indice alfabetico 147

Indice cronologico 159

Indice per categorie 171
Santi 171
Beati 171
Venerabili 173
Servi di Dio 173
Martiri della Carità 175
Beati dell'Ordine 177
Altri servi di Dio 177